Ilona Naumann
Gereimtes und Ungereimtes
Band I

Für Dick!

Eine Erinnerung an einen
Tag im Rheinauhafen

4.8.92

Ilona Naumann

Ilona Naumann

Gereimtes und Ungereimtes

Band I

Haag + Herchen

Die Deutsche Bibliothek – CIP-Einheitsaufnahme

Naumann, Ilona:
Gereimtes und Ungereimtes / Ilona Naumann. –
Frankfurt am Main : Haag und Herchen.
Bd. 1. 1991
  ISBN 3-89228-709-0

ISBN 3-89228-709-0
© 1991 by HAAG + HERCHEN Verlag GmbH,
Fichardstraße 30, 6000 Frankfurt am Main 1
Alle Rechte vorbehalten
Umschlagzeichnung: Heike D'Aprile
Produktion: Fischer Verlagsbüro, Frankfurt am
Main
Satz: W. Niederland, Frankfurt am Main
Herstellung: Difo-Druck GmbH, Bamberg
Printed in Germany

Verlagsnummer 1709

Ich danke allen, die mir geholfen haben,
daß dieses Buch geschrieben werden konnte:

Meinem Mann
Martha Kallinich
Barbara Poll
Peter Witzmann

Inhaltsverzeichnis

Einleitung 11
Ein romantischer Morgen 14
Tiefsinnige Betrachtungen über Nebensächliches 18
So dumm war's auch wieder nicht
   Ein Märchen für Erwachsene 21
Betrachtungen eines kranken Menschen
   über die Langeweile im Allgemeinen 23
Abschied von Max 27
Blick zurück 28
Knorz 30
Knorz und die Maus 37
Meine Verse 41
Neunzig Prozent 42
Mittagsschlaf 43
Schach 44
Beim Skat 45
Selbsterkenntnis 46
Gemütlichkeit 47
Der verhexte Computer 48
Um Mitternacht 49
Pilot und Maschine 50
Lebensweisheit 51
Die Jazztrompete 52
Die grüne Bank 53
Mitternacht 54
Durst 55
Die Grippe 56
Die langen Nächte 57
Figurprobleme 58
Als aupair Studentin 59
Paris 60
Die Metro 61
Engelreigen 62
Abend auf dem Wasser 63

Winterzeit	64
Schußfahrt	65
Skifahrer	66
In den Bergen	67
Lawinentag	68
Sonnenaufgang	69
Oktober	70
November	71
An Beethoven	72
Schicksal	73
Wintersonne	74
An Heinrich Heine	75
Allein	76
Heimweh	77
Reine Liebe	78
Liebe	79
Meine Liebe	80
Für Dich	81
Warten auf dich	82
Zuversicht	83
Sommersonne	84
Sommerglück	85
Im Freibad	86
Ein Lächeln	88
Fragen	89
Kälte	90
Vorbei	91
Durchwachte Nächte	92
Resignation	94
Mein Schatten	95
Nur zwei Sekunden	96
Vergessen	97
Vermächtnis	98
In der Fabrik	99
Heute	100
Trauer	101

Mondnacht	102
Sieben Jahr	103
Ein Märchen	104
Erstaunen	105
Gespräch am Ostersonntag	107
Nächtliche Reisen	110
Die zehn Gebote	113
Begegnung	120
Demut	127
Verehrung	128
Schicksalsdunkel	129
Götterdämmerung	130
Glaube	131
Ewigkeit	132
Nächtliches Grauen	133
Angst	134
Öde Welt	135
Kanonendonner	136
Einsicht	137
In Trauer	138
Trost	139
Dank	140
Frage	141
Gottes Segen	142

Teil 2:
Urlaubsabenteuer

Einleitung	145
3000 km Auto-stop	147
Radtour ins Ungewisse	158
Radtour von Basel nach Düsseldorf	167
Radtour von München nach Lübbecke	181
Fahrt zur »Sail '89« nach Hamburg	192
Fahrt nach Fehmarn	199

Einleitung

Fragst du die Lilie, die Rose....

Ich habe viele Freunde und Bekannte, die in ihrer Freizeit künstlerisch tätig sind. Mein Nachbar stellt Tiffany-Leuchten her, eine immer schöner als die andere. Eine Freundin malt wunderschöne Bilder, eine andere modelliert. Bei jedem Besuch heißt es: »Ich habe etwas Neues. Möchtest du mal sehen?« Und ich bewundere rückhaltlos ihre Kreationen.

Aber ich armer Mensch, ich dichte und schreibe kleine Geschichten. Habe ich etwas Neues geschaffen, habe ich es mir längst abgewöhnt, zu sagen: »Willst du mal lesen?«

Anfangs habe ich das versucht. Der gequälte Gesichtsausdruck meiner Zuhörer ließ mich davon Abstand nehmen. Ich gab ihnen etwas zu lesen von mir mit. Auf die Frage, wie es gefallen habe, kam dann: »Doch ja, ganz nett.«

Den Vogel jedoch schoß eine Bekannte ab. Wir hatten schon stundenlange Gespräche über Spiritualität und Evolution geführt. Ich hatte das Gefühl, sie würde anders reagieren als mein bisheriges Publikum. Das tat sie allerdings auch, nur noch schlimmer. Sie hielt mir meine Manuskripte unter die Nase und fragte: »Sag mal, warum machst du das eigentlich?«

Ich, mit dämlichem Gesicht: »Was?«

»Na, die Schreiberei hier, warum?«

Ich wußte wirklich keine Antwort. Erst später, als ich zuhause »Die zehnte Muse« las, fand ich die Antwort, die ich jedoch aus Höflichkeit nicht gegeben hätte. Da stand:

> Fragst du die Lilie, die Rose,
> Warum se, wozu se, wieso se,
> So fragt den Künstler ein Dummer,
> Wozu er, weshalb er, warum er!

Der einzige Mensch, der sich für meine Gedichte interessierte, war meine Tante Martha in Köln, Schauspielerin, Rundfunksprecherin und Sprachdozentin. Wenn sie meine Sachen vortrug, natürlich nur mir allein, bekam ich eine Gänsehaut. Ich erkannte meine eigene Schöpfung nicht wieder, so schön fand ich es. Auf die Dauer ist aber ein einziger Fan zu wenig. Ich startete noch ein paar schüchterne Versuche in der Familie und bei Bekannten, dann gab ich es auf. Nicht nur das Vorzeigen, sondern auch das Schreiben. Bis ich nur aus Jux dem Regionalleiter meines Instituts aus dem Urlaub ein kleines Gedicht schickte. Bei einem Telefonat viele Wochen später lobte er meine Verse, zitierte sogar eine Zeile und sagte, wie sehr es ihn gefreut habe. Das war Balsam für meine wunde Dichterseele, von Stund' an liebte ich meinen Chef, obwohl ich ihn noch nie gesehen hatte. Und wenn er ausgesehen hätte wie der Glöckner von Notre Dame, was er, wie sich ein paar Jahre später herausstellte, ganz gewiß nicht tat.

Das mir nun freundlich gesinnte Schicksal sandte mir dann Barbara. Barbara schrieb selber, und ich gab ihr in einen Anfall von Größenwahn meine gesammelten Werke zur Beurteilung. Ach, tat das gut, nachher zu hören, ich müsse unbedingt weiterschreiben. Mit wildem Eifer stürzte ich mich in die Schreiberei. Zunächst alles mit der Hand. Da ich aber ein ungeduldiger Mensch bin, ging mir das viel zu langsam. Wenn ich schneller schrieb, konnte ich es nachher nicht mehr lesen. So mußte mein armer Mann herhalten und nach meinem Diktat auf dem Computer schreiben. Da er aber noch einen Beruf hat und meine Schreiberei unzumutbare Ausmaße angenommen hatte, ging kein Weg daran vorbei, ich mußte selbst einen Computer haben. Nichts leichter als das. Ein kleiner Commodore stand schon seit geraumer Zeit unbenutzt bei uns herum. Keine zwei Wochen später saß ich in jeder freien Minute davor und gab alles ein, was ich bisher verbrochen hatte. Selbstverständlich brauchte ich auch bald einen Drucker. Nun füllte sich der Ordner rasch, ich konnte mich vor Begeisterung kaum halten.

Der Skiurlaub rückte näher. Traurig blickte ich auf meinen Computer. Wenn nun wieder drei Tage lang Schneesturm war, wie schon gehabt, dann saß ich da und ärgerte mich grün und blau. Ganz vorsichtig begann ich zu bohren, wie schön es wäre, wenn ich bei schlechtem Wetter weiter schreiben könnte. Auf dem Commodore natürlich. Meinem Mann, obwohl einiges von mir gewöhnt, verschlug es die Sprache. »Bist du verrückt geworden?« erkundigte er sich, nachdem er die Sprache wiedergefunden hatte, »du glaubst doch nicht etwa, daß ich diese ganze Anlage auseinander baue, es ist doch alles fest installiert.«

»Aber vielleicht hat einer noch einen Vierundsechziger, den ich mir leihen kann.«

»Und du glaubst, den kriegen wir noch zu unserem ganzen Gepäck mit?«

Ich erinnerte ihn daran, daß ich ja dann auch nicht drei Kartons mit Büchern brauchte.

Als er meine Trauermiene nicht mehr ansehen konnte, fragte er einen Kollegen nach einem Commodore. Der fiel vor Lachen fast um, als er hörte, wer den im Urlaub haben wollte. Aber ich bekam meinen Vierundsechziger. Nun schreckten mich auch tagelange Schneestürme nicht mehr.

So sind also mein Chef, meine Freundin Barbara und der Commodore schuld daran, oder besser formuliert, haben es ermöglicht, daß dies Buch überhaupt geschrieben werden konnte. Ob man dafür dankbar sein sollte, muß der Leser entscheiden, der sich mein »Sammelsurium« zu Gemüte führt.

Ein romantischer Morgen

Der rasselnde Wecker riß mich aus tiefstem Schlaf. Ich fuhr hoch und klappte mühsam die schlafverklebten Augendeckel auf. Vier Uhr! Wieso rappelt um so unchristliche Zeit der Wecker? Ach ja, jetzt fiel es mir wieder ein. Über einen Sonnenaufgang am Wasser wollte ich schreiben. Um aber die Stimmung wirklich einzufangen und wiederzugeben, mußte ich dabei gewesen sein. Wenn ich nur nicht so müde wäre! Ich dehnte und reckte mich noch einmal und ehe ich mich recht versah, fielen mir die Augen wieder zu.

Ein nasser Klatsch auf meine linke Wange weckte mich wieder auf, ein verängstigtes Piepsen brachte mich vollends zur Besinnung. Ich richtete mich auf und wischte mir das Gesicht ab. Auf einem der schwarzen Deckenbalken meines romantischen Giebelstübchens saß ein Spatzenkind, schlug mit den Flügeln und zeterte. Flatterte auf, flog gegen die Wände und fand das offene Fenster nicht. Resigniert setzte es sich schließlich auf eine frisch gebügelte Bluse. Mit einem Satz war ich aus dem Bett.

»Wenn du mir die Bluse bekleckerst«, drohte ich, »rupf ich dir 'ne Feder aus!«

Erschöpft, wie es war, ließ sich das Mätzchen von mir in die Hand nehmen. Ich ließ es hinaus. Es piepste ein erleichtertes »Dankeschön« und flog davon.

Ich blieb einen Augenblick am Fenster stehen und schaute hinaus. Ein rosa Wolkenstreifen lag über der silbern schimmernden Wasserfläche und ich dachte, daß ich nun schnell hinaus mußte, um den Sonnenaufgang zu sehen. Meine Müdigkeit war verflogen, schnell zog ich mich an, und ganz erfüllt von Tatendrang rannte ich die Treppe herunter. Ein wenig zu hastig, wie sich herausstellte, als ich auf der letzten Stufe saß und mir meinen brummenden Schädel rieb, den ich mir unter der niedrigen Tür gerammt hatte. Vier Tage wohnte ich nun schon in diesem romantischen Häuschen, hatte es aber immer noch nicht gelernt, mich unter den Türen zu bücken. Aber bloß jetzt nicht die gute Laune verderben lassen.

Ich trat durch die Verandatür. Wie himmlisch, diese Stille! Die Schiffe vor Anker schliefen noch, kein Radio versuchte einen Rekorder zu übertönen. Keine schneidigen Seemannslieder erfüllten die Luft mit Brausen. Kein Gekicher und Gelächter von den kleinen Motorbooten.

Tief beeindruckt von der Feierlichkeit der Morgenstunde ließ ich mich auf einem Liegestuhl nieder, der einsam und verlassen dicht am Ufer stand. Ich vergaß, daß ich mit Liegestühlen nie gut Freund gewesen bin. Woran es lag, habe ich nie feststellen können, jedenfalls fiel ich meistens damit um, oder die Matte war nicht richtig eingehängt und ich plumpste durch. Wie jetzt. Ich landete auf dem Rasen, weich zwar, aber naß und kalt. Eine Beule an der Stirn und eine nasse Kehrseite, da soll man seine rosige Stimmung behalten! »In den Liegestuhl setz' ich mich jedenfalls nicht nochmal«, so sagte ich zu mir selbst, marschierte ins Haus und holte eines der Felle, die vor dem Kamin lagen. Behaglich streckte ich mich aus und blinzelte in den morgenfrohen Himmel. Leise gluckste das Wasser ans Ufer, der Morgenwind wischte den Horizont blank, eilig zogen die Wolken davon, der aufgehenden Sonne Platz zu machen. Die Stimmung begann, auf mich zu wirken, im Geiste schrieb ich an meinem »romantischen Morgen«, als ich merkte, daß auch Ameisen Frühaufsteher sind. Nachdem sie das Fell glücklich durchkrabbelt hatten, benutzten sie mich als Hindernisrennbahn und bissen dabei wütend um sich. Als ich mir die Biester vom Leib gelesen und geschüttelt hatte, überlegte ich ernsthaft, ob es nicht besser sei, wieder ins Bett zu gehen. Aber wenn ich mir etwas in den Kopf gesetzt habe, kann ich stur sein wie ein Maulesel. Ich wollte einen romantischen Morgen erleben und eine hübsche Geschichte darüber schreiben. Durch derartige Tücken des Schicksals durfte ich mich nicht abhalten lassen.

Dann hatte ich eine ausgezeichnete Idee! Direkt vor meiner Nase lag ein Ruderboot. Ach ja, ich würde hinausrudern auf den morgenstillen See, in einem Schilfwinkel die Ruder einholen und träumen. Da gab es gewiß keine Ameisen. Ich hatte zwar noch nie gerudert, aber das machte nichts, es sah ja so leicht aus, ich hatte oft zugesehen. Fröhlich hüpfte ich zum Anleger und machte das Boot los.

»Ich hätte erst einsteigen sollen, ehe ich es los machte«, stellte ich fest, als das Boot einige Meter vom Ufer abgeglitten war und ich verzweifelt an dem Stückchen Leine zerrte, das ich gerade noch erwischt hatte. Ich zog und zerrte, schaukelnd kam das Boot näher, jetzt aber fix hinein, ja denkste, meine Gummisohlen glitschten auf dem nassen Rasen weg, schwungvoll sauste ich mit der Nase auf die Bootskante. Da hing ich nun. Oberkörper über Wasser, Nase im Boot, Beine an Land. Ungemein romantisch das!

Wenn ich mich am Boot halten wollte, machte es Miene umzukippen, ich geriet in die Gefahr, gänzlich in die trübe Brühe zu rutschen.

Irgendwie gelang es mir, hochzukommen und mich in das Boot zu schwingen. Als ich eine ganze Weile vergeblich versucht hatte, den Kahn von der Stelle zu bewegen und es mit dem Rudern einfach nicht klappte, begriff ich, daß ich verkehrt herum saß. Vorsichtig drehte ich mich um, tauchte die Ruder ein, zog sie durch – aha – endlich! Mit kräftigen Schlägen trieb ich das Boot hinaus. Rasch entfernte sich das Ufer und eine stolze Freude erfüllte mich. Schneller und schneller glitt das Boot über die spiegelnde Wasserfläche, die Sonne zog goldene Bahnen auf dem See und spielte mit den kleinen Wellen. Alles war wieder wunderschön und wäre auch schön geblieben, wenn nicht – – ja, sage mir einer, warum man nur rückwärts rudern kann! Schließlich hat man ja hinten keine Augen und so kollidierte ich mit einem vor Anker liegenden Motorschiff. Der Stoß war heftig, ich kippte hintenüber, freundschaftlich schlug mir das Ruderende unter das Kinn. Die Strömung erfaßte das Boot, drehte es wie unschlüssig ein paar Mal im Kreise und trieb es dann an das gegenüberliegende Ufer. Raschelnd glitt es in das Schilf, knirschend bohrte sich der Kiel in den Sand.

Mir war es völlig gleichgültig. Im Bewußtsein, daß mir im Moment nichts mehr passieren konnte, sank ich erschöpft auf den Planken zusammen und stierte verbittert vor mich hin.

Als mein Kopf aufgehört hatte zu brummen und der Denkapparat wieder funktionierte, setzte ich mich auf und sah mich um. Nach den fürchterlichen Dingen, die ich ausgestanden hatte, tat mir die Stille doppelt gut. Eine Entenfamilie paddelte auf mich zu, fröhlich leuchteten die bunten Federn in der Sonne. Mit rauschendem Flügelschlag strich eine Silbermöwe dicht über das Schilf. Mister Haubentaucher streckte den Kopf aus dem Wasser, guckte sich verwundert um und zog es vor, wieder zu verschwinden. So herrlich friedlich war alles, daß ich gar nicht mehr begriff, wie so vieles hatte schiefgehen können.

»Ich will mich nicht mehr über so kleine Mißgeschicke – – –« ärgern – hatte ich sagen wollen, aber das ohrenzerreißende Jaulen eines Düsenjägerverbandes riß mir das Wort vom Munde. Zu Tode erschrocken duckte ich mich, in Kirchturmhöhe fegten die Maschinen über den See.

Da packte mich die wilde Wut. »Verdammter Mist!« schimpfte ich laut und unheilig hinter ihnen her, »ich hab die Nase voll!« Schubste das Boot vom Grund los, zerrte das Ruder wieder richtig herum und fuhr heim. Verrenkte mir noch den Hals bei der Rückwärtsfahrerei.

»Nie«, so schwor ich mir in dieser Stunde, »will ich wieder einen romantischen Morgen erleben!«

17

Tiefsinnige Betrachtungen über Nebensächliches

Ich liege und warte. Warten ist eine Beschäftigung, die in Stumpfsinn nur von der Langeweile übertroffen wird. Es gibt ja verschiedene Arten von Warten. Wenn man sie in Kategorien einteilen würde, käme man etwa zu folgenden Erkenntnissen:

1. Freudig erregtes Warten, z.B. beim Rendez-vous. Dieses Warten artet nach ein bis zwei Stunden in Enttäuschung, Zorn oder tiefe Trauer aus.
2. Ungeduldiges, nervenaufreibendes Warten, auf Totoergebnisse, Lotteriezahlen oder Kreditanträge. Um eine bestimmte Uhrzeit löst es sich in Juhugeschrei oder einen Tobsuchtsanfall auf.
3. Gleichgültiges mißmutiges Warten. An der Straßenbahn, im Laden, an der Ampel. Artet in Ausnahmesituationen in einen Nervenzusammenbruch aus.
4. Ängstliches Warten, kommt hauptsächlich beim Zahnarzt, bei Schülern vor den Zeugnissen oder im Vorzimmer des Chefs auf. Geht immer anders aus, als erwartet.

Dies sei genug. Mehr wäre langweilig.

Also, ich liege im Bett und warte, und zwar auf den Hausarzt. Ich bin mir aber noch nicht im Klaren, zu welcher Kategorie dieses Warten gehört. Ich habe ein komisches Gefühl im Magen. Das können aber auch die Kartoffelpuffer sein, obwohl ich nur dreizehn gegessen habe.

Nervenzerfetzend kreischt im Radio eine Jazztrompete. Der gesundeste Hund kriegt Bauchschmerzen, wenn er so etwas hört. Ich wollte, ich wär 'ne Jazztrompete, dann könnte ich jammern und kreischen soviel ich wollte, man würde mir sogar zuhören.

Überhaupt, so'n Radio! Eine ganz nette Einrichtung soweit. Man kurbelt: »Präsident Reagan wird morgen mit dem« ------ »Ochsen auf dem Markt Hannover« ------ »Sein oder Nichtsein, das ist« ------ »Madonna, Madonna, wo bist du?« jault es in herzzerreißenden Tönen. Da spielen sie denn wohl gerade Verstecken im Studio. Ist mir grade ernst und feierlich, wird garantiert auf allen Kanälen geblödelt. »Hallo, ich bin's doch, euer Otti«, oder Nostalgie: Grete Weiser säuselt ihr: »lieber Klingel, hast du gepetert?« Hängt mir der Himmel voller Geigen und ich möchte flotte Tanzmusik hören, erklingt ein feierlicher Choral oder die Gralserzählung. Arme Sender, wie ihr's macht, ist es verkehrt.

Es schneit, regnet, stürmt und taut. Warum muß das nun alles auf einmal sein? Von Organisation und Management scheint Petrus keine Ahnung zu haben. Wenn er das nun, hübsch wie sich das gehört, auf mehrere Tage oder Wochen verteilen würde, hätte er es wesentlich einfacher. Aber vielleicht hat er in den nächsten Tagen etwas vor, einen kleinen Himmelstrip mit einem niedlichen Engelchen, und nun gibt es das Menü, das entschieden für drei Wochen ausgereicht hätte, auf einmal. Anschließend haben wir dann gar kein Wetter oder bloß so etwas Ähnliches.

Mir ist ziemlich trostlos zumute. Aber nicht mir allein. Hilflos kringelt sich der Bettvorleger zu meinen Füßen. Grade und glatt zu liegen ist ihm unmöglich. Mit sanftem Vorwurf blickt er mich aus seinen hübschen Likörfleckenaugen an, als wollte er sagen: »Wem geht es wohl schlechter als mir? Wer wird soviel hin und her gezerrt und mit Füßen getreten wie ich?« Ich rede ihm gut zu: »Sei doch vernünftig, schließlich mußt du dafür sorgen, daß ich beim Aufstehen keine kalten Füße kriege!« Aber er schüttelt nur traurig abweisend die sterblichen Überreste seine ehemals so schönen langen Fransen.

Ein Windstoß fährt in das offene Fenster. Dicke Schneeflocken fallen auf das Radio, wo sie sich sofort in Tropfen verwandeln und langsam dem Radio über's Gesicht perlen. Es weint! Habe ich vorhin zuviel mit ihm geschimpft? Trübsinnig schlakert auch noch der Bademantel mit den leeren Ärmeln. Gleich fange ich womöglich auch an zu schluchzen. Doch ehe das geschieht, kommt mein Abendbrot. Nudeln mit Tomatensoße. Gestern sagte eine liebe Kollegin zu mir: »Du blöde Nudel.« Nun betrachte ich mir die Dinger, mit denen ich identisch sein soll.

Innig verschlungen liegen sie friedlich unter der Soße, lang und dünn. Lang bin ich wohl, aber dünn? Nein, beim besten Willen nicht. Vielleicht habe ich mehr Ähnlichkeit mit ihnen, wenn man mich mit Tomatensoße begießt. Meine Mutter pflegte zu sagen: »Deine Schwester und du, ihr seid beide mit einer Brühe begossen«. Allerdings kam ich mir dann wie ein begossener Pudel, nicht aber wie eine begossene Nudel vor.

Draußen singt jemand:

>   Der Elefant
>   hat wie bekannt
>   am Leib sechs Beine.
>   Ganz vorne zwei
>   und hinten zwei,
>   außerdem zwei Elfenbeine.

Wie so ein Elefant ausgerechnet an Elfenbeine kommt, ist mir vollkommen schleierhaft. Schließlich hat eine Elfe ja auch keine Elefantenbeine. Fröhlich stimmt der Sänger den zweiten Vers an:

>   Das Schreibpapier
>   hat Ecken vier,
>   in der Mitte kann man's falten,
>   man schickte es fort,
>   von Ort zu Ort,
>   man kann's aber auch behalten.

Das finde ich auch doof, als ob man das Schreibpapier nur in der Mitte falten könnte.

Manche Menschen sind doch schlecht. Eben versuchte ich meiner Kollegin klarzumachen, daß ich eine begnadete Schriftstellerin sei. Die Laute, die sie daraufhin ausstieß, hatten kaum noch menschliches an sich. Sie behauptet, ich hätte keine Ideen, sondern nur einen Spleen. Ob sie Recht hat? Ich überlasse das Urteil dem geneigten Leser, sofern sich einer findet.

Sooo dumm war's auch wieder nicht

Ein Märchen für Erwachsene

Da hing einst in einer milden Frühlingsnacht der Mond in einem blühenden Apfelbaum. Er blinzelte durch die Blätter herunter und sah auf einer Bank ein Pärchen sitzen. Der Gute war dergleichen gewohnt und schmunzelte. Als er nach einer guten Weile wieder hinunter sah, saßen die beiden noch genauso da, wie vorher.

»Nicht mal Händchen halten?« wunderte sich der Mond, nahm einen Wolkenfetzen und schneuzte sich geräuschvoll, so daß zwei Engelbuben entsetzt von ihrer Wolkenbank herunterruschten und davon liefen. Der Zufall wolle es, daß sie just über einen Silberstrahl des guten Mondes stolperten. Vergnügt setzten sie sich darauf und – husch – waren sie unten auf der Erde, just an der Bank, wo das junge Pärchen saß.

»Und was machen wir jetzt?«, fragte der eine Engelbub. Der andere, Amor hieß er, lachte. Er hob seinen Bogen, und ehe sein Freund Einspruch erheben konnte, flogen zwei Pfeile sirrend durch die Luft. Ganz warm wurde es den beiden jungen Leuten ums Herz. Sie reichten sich zaghaft die Hände und lächelten. Lachend schnappten sich die beiden Lausbuben einen besonders schönen hellen Mondstrahl und hüpften fröhlich himmelan.

»Was habt ihr schon wieder angestellt, wo wart ihr?«, fragte mit strengem Blick der Engel, der sie oben empfing. Amor und sein Freund lachten immer noch und zeigten nach unten. Die beiden unter dem Apfelbaum hielten sich umschlungen und küßten sich innig. Aber der Engel wurde bitterböse. »Seid ihr wahnsinnig geworden?«, fuhr er sie zornig an.

»Habt ihr immer noch nicht begriffen, daß nach dem neuen Gesetz nicht mehr mit Liebespfeilen auf Menschen geschossen werden darf, die nicht füreinander bestimmt sind? Amor, du Bengel, kannst du denn nie vernünftig sein?«

»Wieso – sind die beiden denn nicht füreinander bestimmt?« tat Amor unschuldig. Im stillen dachte er, hoffentlich werde ich nie vernünftig, etwas langweiligeres kann ich mir nicht vorstellen.

»Wenn du doch erst im Schicksalsbuch nachsehen würdest, ehe du um dich schießt«, seufzte der Engel, »geh zu Gabriel, dem Erzengel und laß dir das Buch zeigen.«

Erzengel Gabriel sah Amor ernst an. »Schau her«, sagte er und schlug das gewaltige Buch auf, blätterte ein wenig darin und wies dann auf eine Seite: »Hier, lies, was dem Mädchen bestimmt ist.« Amor las. Gabriel blätterte weiter: »Da, das ist sein Schicksal.« Amor las auch das. Schuldbewußt blickte er zu dem großen Engel auf. »Das habe ich doch nicht gewußt«, stotterte er.

»Du handelst meistens unüberlegt und dumm«, sagte Gabriel streng. »Gib mir deinen Bogen, du hast eine Woche Schießverbot.« Traurig lieferte Amor seinen Bogen ab.

Ein paar Nächte später hockte er auf einer Fensterbank und spähte durch die Vorhangritzen in das Zimmer. Das Mädchen und der junge Mann lagen in den Kissen und hielten sich in den Armen.

»Ich bin so glücklich, so sehr glücklich«, sagten sie abwechselnd. Da lachte der Lausebengel Amor laut und vergnügt: »Schicksal hin, Schicksal her, sooo dumm war's auch wieder nicht!«

Betrachtungen eines kranken Menschen über die Langeweile im Allgemeinen

Es ist sträflich langweilig. Es müßte polizeilich verboten werden, sich dermaßen zu langweilen. Man ärgert sich über alles, denn schließlich ist langweilen auch für den stumpfsinnigsten Menschen eine auf Dauer unzureichende Beschäftigung. Man versucht, sich auf tiefsinnige Betrachtungen zu konzentrieren, man geht in sich und stellt trauernd und zutiefst erschrocken fest, daß da drinnen genauso wenig los ist wie draußen. Traurig blicke ich dem Zigarettendampf nach, der sich förmlich seufzend und in elegischer Bewegung aus dem Grab des Sargnagels, sprich: Aschenbecher, erhebt. Die arme Zigarette! Sie liegt in den letzten Zügen.

Der moderne Mensch hat normalerweise Gelegenheit genug, der Langeweile ein Schnippchen zu schlagen. Siehe Kino, Fernsehen, Theater, Bücher, Alkohol usw. Aber was macht man, wenn anstatt der Schnapsbuddel nur eine äußerst solide Flasche Apfelsaft am Bett steht, und mich statt einer Kinoleinwand oder eines spannenden Fernsehkrimis nur vier blödsinnig bepunktete Wände anstieren? Wenn man alles lesbare in näherer Umgebung bereits »verschlungen« hat, einschließlich aller, ach so ergreifenden Pfennigsromane, Rezeptbüchern und den Kalendersprüchen für den Rest des Jahres? Ja, dann ist man gezwungen, sich mit sich selber zu beschäftigen. Was kommt dabei heraus? Eben – Langeweile.

Auch die beiden Goldfische paddeln gelangweilt im Kreise. Wie das wohl ist, wenn man ein Goldfisch ist? Etwas Öderes könnte ich mir gar nicht vorstellen. Ob die sich auch mal zanken? Aber warum sollten sie sich zanken? Eifersüchtig können sie nicht werden, weil es ja nur zwei sind, ums Futter kriegen sie sich auch nicht in die Flossen, das habe ich schon beobachtet. Es ist wie bei Adam und Eva im Paradiese.

Eilig krabbelt eine Spinne in ihre netzige Behausung. Spinnennetze sind dazu da, sich darüber zu ärgern, weil man beim Saubermachen mit Sicherheit eines übersieht. Es kommt einem erst dann ins Blickfeld, wenn man alle Reinigungsutensilien weggeräumt und sich zwecks Erholung auf dem Sofa lümmelt.

Überhaupt – Saubermachen! Es hat lediglich den Sinn, dem neuen Dreck Platz zu machen. Ich stelle mir manchmal vor, wie es wäre, wenn es gar keinen Dreck gäbe. Nicht bloß den äußeren, sondern überhaupt, d.h., wenn es nur noch anständige Menschen gäbe. Aber das wäre eine nicht auszudenkende Katastrophe, denn

1. würden alle Putzfrauen, Straßenkehrer, Fensterputzer usw. arbeitslos.
2. woran sollte die Hausfrau ihren Zorn auslassen, wenn an dem von der Putzfrau vergessenem Spinnennetz? Oder an dem Teppich mit dem Teppichklopfer?
3. die Hälfte der Industrie würde zusammenbrechen.
4. alle Anwälte, Staatsanwälte, Juristen, Gefängnisaufseher und Zuchthausdirektoren würden betteln gehen.

Nach reiflichem Überlegen lächeln wir also großzügig und gönnen dem Dreck sein Dasein.

Hier muß ich noch etwas erklärendes einfügen: Diesen Text schrieb ich in den fünfziger Jahren. Daher das überholte Wort »Putzfrau« und nicht Raumpflegerin oder, wie schon gehört, »Parkettkosmetikerin.« Ich spreche von meiner Hilfe leider immer noch von meiner Putzfrau, vielleicht bin ich doch rückständiger, als ich dachte.

Doch zurück zu meiner Geschichte:

Ich stelle fest, daß ich Hunger habe. Dabei fällt mir auf, daß ich mich beim Essen nie langweile. Höchstens, wenn mehr als die eigene Person bei Tische sitzt, man ist eher fertig, obwohl man die letzten Happen krampfhaft langsam gekaut hat und muß nun höflicherweise warten, bis alle andern fertig sind, daß man sich genüßlich die Nachtischzigarette zu Gemüte führen kann. Normalerweise ist das langweilig. Inzwischen habe ich herausgefunden, daß man sich die Langeweile vertreiben kann, indem man den anderen beim Essen zusieht. Unauffällig natürlich!

Ich bin ein schlechter Mensch und kann mich diebisch freuen, wenn einem andern ein Stück Kartoffel herunterfällt, so von der Gabel direkt vor dem offenen Mund. Mit heruntergeklapptem Unterkiefer schaut der Unglückliche ihr nach. Inzwischen ist sie vergnügt und munter über das frische Oberhemd gehüpft, eine dekorative Soßenspur hinterlassend und wälzt sich nun amüsiert auf dem Fußboden. Wenn der Arme dann in tödlicher Verlegenheit nach rechts und links peilt, ob es auch keiner gesehen hat, blickt man selbstverständlich diskret auf den eigenen Teller. Meistens kann ich es mir aber nicht verkneifen, leise grienend aufzusehen. Schadenfreude ist manchmal doch die reinste Freude.

Augenblicklich habe ich das Vergnügen, allein zu speisen. Es ist herrlich, ich kann mich vorbeibenehmen, soviel ich will. Ich bekomme weder einen strafenden Blick, noch einen Puff von einer wohlerzogenen Nachbarin.

Also, zurück zur Natur, wenn auch nicht gerade auf die Bäume, ihr Affen!

Habe ich keine Lust, das Fleisch zu schneiden, nehme ich es in die Hand und beiße ab. Worin ich mir nachher die Hände abwische? Na, das geht schließlich keinen was an.

Amüsant ist es auch, zu sehen, was jemand anstellt, dem die steifgestärkte Serviette unter den Tisch gerutscht ist und die sich nun als besserer Fußabtreter zwischen Pumps und Lackschuhen herumtreibt. Unauffällig nach unten angeln ist zwecklos, man landet nur unsanft mit dem Kinn auf dem Tisch. Da ist es schon besser, sich mit dem Tischtuch zu behelfen, das in besseren Häusern das gleiche Muster wie die Servietten aufweist. Denn wer traut sich schon, den kostbar geschliffenen Römer bei einem offiziell angesagtem Prost an fetttriefende Lippen zu halten? Ach ja, es gibt schon verzweifelte Situationen im Leben der »besseren« Leute.

Man kann über so viele Dinge schreiben. Ebenso gut über viele Dinge reden, nur müßte ich dazu den passenden Menschen bei mir haben. Natürlich könnte ich auch mit mir selbst reden, aber das darf keiner merken, sonst erlebt man die unmißverständliche

Bewegung des Zeigefingers an die Stirn. Und das kränkt einen denn ja. Die meisten Menschen haben aber überhaupt keine Stirn. Das sieht bloß so aus. In Wirklichkeit ist es ein Brett. Um diesem armen Menschen zu helfen, müßte ich erst zu der Überzeugung kommen, selbst keines vor dem Kopf zu haben.

Jaa, wenn ich erst mal soweit bin!!

Abschied von Max

Ich hätte nie gedacht, daß wir uns so schnell trennen müßten. Nur zwei kurze Jahre waren uns vergönnt. Weißt du noch, wie glücklich ich war, als wir uns gefunden hatten? Es war Sommer, ein kalter und regnerischer Sommer, der seinen Namen wirklich nicht verdiente. Aber was machte es mir aus! Ich hatte ja dich, alles andere war mir gleichgültig. Du warst ein wunderbarer Freund. Schön – nein, das bist du nicht, aber darauf kommt es ja auch gar nicht an. Immer warst du zur Stelle, wenn ich dich brauchte. Manche Last hast du für mich getragen. Glaube mir, mein Freund, ich werde dich nie vergessen, denn du warst der Erste für mich. Doch nun müssen wir uns trennen. Mein Vater hat einen andern für mich bestimmt. Ich habe ihn schon gesehen. Er ist sehr, sehr schön. Viele werden mich um ihn beneiden, aber ob ich es lerne, ihn zu lieben? Ich weiß es nicht, vorläufig denke ich nur daran, wie still es ohne dich um mich werden wird. Denn manchmal hast du doch entsetzlichen Krach gemacht. Allerdings nie ohne Grund. Einmal habe ich dich fast hundert Kilometer ohne Öl gefahren, was jedem andern Wagen den Garaus gemacht hätte, du hast das problemlos überstanden. Ab und zu habe ich auch am Berg zu schnell geschaltet. Ach, wie hast du dann geheult. Wirklich übel genommen oder gar gestreikt hast du jedoch nie, und wenn du auch mit letzter Kraft und dem letzten Tropfen Sprit nach Hause kamst. Max, mein lieber kleiner Lloyd, leb wohl, dein Nachfolger ist ein eleganter Renault, ob er so treu ist wie du?

Blick zurück

Ich hatte einen Aufräumfimmel bekommen. Ich buddelte in allen Schränken und grub sozusagen meinen Schreibtisch um. Unter einem Wust von alten Papieren stieß ich auf einen Erguß, den ich vor dreißig Jahren, als ich in einem Ausflugslokal als Wochenendbedienung arbeitete, niedergeschrieben hatte. Kopfschüttelnd las ich, was ich damals von mir gegeben hatte.

Schweigend starre ich an ihm vorbei, denn ich kann es nicht ertragen, wenn sein Gesicht so ernst wird. Dann ist mir, als habe alle Traurigkeit der Welt sich in mein Herz geschlichen und ließe keinen Platz mehr für Freude und Lachen. Ich ziehe den Hund zu mir herüber und streichele die Stelle, wo zuvor seine Hände gelegen haben. Am liebsten würde ich weinen. Sonst fließen bei mir die Tränen leicht, ich weine um nichts und wieder nichts, aber um ihn kann ich nicht weinen. Es zieht und zerrt am Herzen, daß einem ganz übel wird, aber die Augen bleiben trocken. Am schönsten und am schlimmsten ist es, wenn er auf dem Podium steht und singt »Du darfst nicht traurig sein.« Dann muß ich inmitten vieler Augen stehen, die mich mehr oder weniger unbeteiligt mustern, darf keine Miene verziehen und möchte doch lachen und weinen zugleich. Lachen, weil er das Lied für mich, nur für mich singt – weinen, weil ein schmaler Goldreif an seinem Finger ihn weiter von mir trennt, als sei er auf dem Mond. In der Geschäftszeit darf ich an ihn denken, ist er zuhause, sträubt sich mein Geist, sich das nur vorzustellen. Immer noch sitze ich regungslos auf dem Stuhl, seinen Hund neben mir. Er sitzt mir gegenüber und starrt ins Leere. Nur noch ein paar Minuten, dann wird er sagen »zahlen« und dann heimgehen zu seiner Frau. Ich bin wieder allein.

Man ruft meinen Namen. Entsetzt fahre ich hoch, hat die Chefin etwas zu mir gesagt? Ich quäle mir ein Lächeln ab in ihre Richtung. Aber das Gespräch drüben geht schon weiter, ich bin einer Antwort enthoben.

Ich darf ihn auf keinen Fall am Freitag treffen, denke ich und weiter, ach wenn es doch schon Freitag wäre!

Jetzt hat er sich zu mir herumgedreht und sieht mich an. Was ist nur in den Augen, daß sie mich so verwirren? Ich darf ja nicht hineinsehen, sonst verrät mein Gesicht alles, und wir sind ja nicht allein. Das ist so schön, wenn wir uns irgendwo in einem Cafe gegenüber sitzen und ich kann ihn ansehen soviel ich will, ohne daß ich Angst haben muß, man registriere meine Blicke. Richtig ausruhen lasse ich meine Augen in den seinen, und ich wünsche mir, es bliebe immer so.

Am Freitag, denke ich, und bei dem Gedanken ist mir, als bohre mir einer mit einem schartigen Messer im Magen herum. So zwickt es. »Zahlen!« Ich fahre zusammen, kein Kanonenschuß kann mich mehr erschrecken, als dies Wort aus seinem Mund. Meine Kollegin kassiert ab, ich fühle, wie mein Gesicht kalt und verschlossen wird. Er reicht mir die Hand: »Auf Wiedersehen«, und weg ist er. Ich sitze wie gelähmt. Habe nicht die Kraft, aufzustehen und dem Wagen nachzusehen. Die Welt hat aufgehört, sich zu drehen – ich bin in einem luftleeren Raum!

Grübelnd schaue ich auf die Blätter. Das einzige, woran ich mich erinnern kann, ist, wie der Hund ausgesehen hat. Mein Mann kommt herein. »Gibt es schon Abendbrot, Liebling, oder räumst du noch lange?« Unser Hund ist schon erwartungsvoll in die Küche marschiert. Ich lege die Blätter aus der Hand und gehe hinterher, damit meine Beiden nicht verhungern.

Knorz

Ich wanderte in der Mittagssonne in den Wald. Dort habe ich ein Lieblingsplätzchen unter einer alten Linde. Ich war sehr traurig, saß unter dem grünen Blätterbaldachin und weinte. Ganz in meinen Kummer vergraben, sah und hörte ich nichts von dem, was in meiner Umgebung geschah, so schrak ich heftig zusammen, als neben mir eine ärgerliche Stimme sagte: »Das ist ja nicht zum Aushalten, dieses Geflenne, man kann dabei doch keinen Mittagsschlaf halten.« Erstaunt sah ich mich um, niemand war zu sehen. Da tippte mich etwas gegen mein Bein und die Stimme sagte: »Hier bin ich, guck nur richtig zu.« Das tat ich und sah ein Wichtelmännchen in brauner Kutte und einer roten Zipfelmütze. Es hatte braune Augen und winzig kleine braune Händchen. Das Gesicht war schon etwas verrunzelt, sah aber sehr lustig aus. »Mein Name ist Knorz«, es machte eine leichte Verbeugung, »streck mal dein Bein ein wenig aus, du großes Menschenkind.« Ich tat's, und flink kletterte es an meinem Bein hoch und setzte sich auf mein Knie.

»Guten Tag, lieber Knorz«, sagte ich etwas schüchtern, ich hatte keine Ahnung vom Umgang mit Wichtelmännern.

»Guten Tag, liebe Loni«, sagte Knorz.

»Du kennst mich?« fragte ich verwundert,

»Natürlich kenne ich dich«, antwortete er, »Ich kenne auch den Grund deiner Tränen, schließlich sitzt du schon den ganzen Sommer täglich unter der Linde und weinst. Meinst du, ich verstehe die Worte nicht, die du vor dich hin seufzt? Ich habe auch schon hin und her überlegt, wie ich dir helfen kann.«

»Du mir helfen? Ach Wichtelmännchen, Wunder kannst du doch auch nicht tun!«

»Natürlich kann ich dir deinen Liebsten nicht herbringen«, sagte er etwas ungeduldig, »aber würde es dir helfen, wenn du ihn sehen könntest, so oft du wolltest?«

»Ihn sehen, immer wenn ich möchte? Ach, wäre das schön! Aber wie sollte das möglich sein?«

Da faßte das Männchen in seine braune Kutte und holte einen

blitzenden Gegenstand hervor, den es mir reichte. Vorsichtig nahm ich ihn entgegen. Es war ein silberner Spiegel von seltener Klarheit.

»Höre mir gut zu«, begann Knorz, »ich will es dir erklären. Solange du deinen Schatz wahrhaft liebst und keinen Zweifel an seiner Liebe hast, wird dir dieser Spiegel sein Gesicht zeigen, wenn du hineinblickst. Du wirst sein Gesicht sehen, so wie es in dem Augenblick aussieht. Wenn er in dieser Sekunde auch an dich denkt, werden dich seine Augen aus dem Spiegel ansehen.«

»Und wenn er mich nicht mehr liebt, wenn ich seine Liebe verlieren würde, wird der Spiegel seine Zauberkraft behalten?«

»Das wird er, der Spiegel erhält seine Kraft nur durch deine Liebe und deinen Glauben an seine Liebe.«

»Oh, ich danke dir, lieber Knorz«, rief ich, drehte das Spiegelchen erwartungsvoll zu mir um und blickte sehnsüchtig hinein. Es war wahr – es war wirklich und wahrhaftig wahr! Ich schaute in das Gesicht, das ich mehr liebte als alles andere auf der Welt. Atemlos vor Freude starrte ich in das Glas, in die leuchtend blauen Augen und auf den sanften Mund. Plötzlich überflog ein strahlendes Lächeln das Gesicht und seine Augen trafen direkt die meinen. Fast stand mir das Herz still, so durchfuhr mich dieser Blick.

»Du denkst an mich, Liebster«, flüsterte ich glücklich.

Der Wichtelmann hatte mich lächelnd beobachtet.

»So«, sagt er zufrieden, »jetzt werde ich gehen und meinen Mittagsschlaf fortsetzen. Weißt du«, fuhr er fort, »ich bin gestern ein wenig spät schlafen gegangen, wir waren bei Mirza, dem Eichhörnchen, eingeladen. Es gab frische Nüsse und Rosentau, ich habe ein wenig zuviel davon getrunken. Frühmorgens, kurz vor Sonnenaufgang, müssen wir Wichtel mit der Arbeit beginnen, ob man nun noch müde ist oder nicht.«

»Was arbeitest du denn so früh?« fragte ich.

»Ach, du machst dir ja keine Vorstellung«, sagte Knorz, »alle die Käfer umdrehen, die auf den Rücken gefallen sind und strampeln wie wild, die schreien, das ist kaum zu glauben. Bei Familie Pieps, den Waldmäusen, war ein dicker Stein vors Mauseloch gerollt und sie konnten nicht heraus. Zu dritt haben wir es mit großer Mühe dann geschafft. Murks, der Maulwurf, hatte sich beim Graben ein Bein verrenkt, etwas später waren zwei Hummeln beim Morgenflug zur Waldwiese zusammengestoßen. Die eine hatte ganz zerbeulte Fühler. Wir haben sie zu den Elfen auf der Wiese gebracht, die sind spezialisiert auf solche Sachen. So gibt es tausenderlei Dinge, die jeden Tag in Ordnung zu bringen sind. Wir Wichtel sind immer einsatzbereit. So, jetzt muß ich aber gehen.« Er rutschte an meinem Schienbein herunter auf meinen Fuß, »komm einmal wieder vorbei und erzähle, wie es dir geht«, rief er noch und – husch – war er verschwunden.

»Auf Wiedersehen und schönen Dank auch«, rief ich hinterher. Ich blieb noch lange sitzen und schaute in den Spiegel. Erst als die Sonne unterging und es finster wurde, ging ich heim. Ganz fest hielt ich in der Hand meinen kostbaren Spiegel.

Der Sommer wurde sehr heiß. Viele schwere Gewitter gingen hernieder. Eines Nachts spaltete ein Blitz die alte Linde in zwei Hälften. Sie brannte aber nicht ab, beide Teile blieben stehen und die Baumpfleger stützten die Fragmente ab. Im darauffolgenden Frühjahr wurden einige Äste wieder grün. Ich war lange nicht dort gewesen, auch in meinem Leben hatte es ein schlimmes Gewitter gegeben, nun saß ich unter dem geborstenen Baum und glaubte nicht, daß ich je wieder froh werden könnte.

»Knorz«, rief ich leise, »bitte, komm einmal heraus!«

»Bin da«, schon stand er neben mir und sah mich freundlich an.

Ich griff in die Tasche und hielt ihm stumm den Spiegel hin. Sprechen konnte ich nicht.

»Dein Liebster hat dich verlassen, ich weiß.«

»Woher?«

»In seinem Garten wohnt ein Vetter von mir, den besuche ich häufig. So konnten wir sehen, daß er ein anderes Mädchen küßte. Es war auch noch deine Freundin, nicht wahr?«

»Diese falsche Schlange«, der Zorn gab mir die Sprache wieder, »dies Biest! Und er hat mich betrogen. Ach, ich bin so unglücklich! Ich liebte ihn so sehr!«

»Stimmt nicht!«

Ich ging hoch wie eine Rakete. »Wie kannst du das behaupten? Woher willst du das wissen? Du siehst doch, wie schlimm es mir geht!«

»Aber nicht aus unglücklicher Liebe!«

»Sondern?«

»Aus gekränkter Eitelkeit, aus Eifersucht, aus Neid, aber aus Liebe? Nein, mein Kind, das kannst du mir nicht weismachen. Wenn du ihn wirklich liebtest, würdest du ihm sein Glück gönnen, denn es steht geschrieben: Die Liebe ist langmütig und freundlich, sie suchet nicht das ihre, sie läßt sich nicht erbittern (1. Kor. 13, 4). Mir scheint aber, du bist sehr verbittert. Soll ich es dir beweisen, daß es nicht Liebe ist, die dich unglücklich macht?«

»Und wie willst du das machen?« fragte ich spitz, denn ich war gekränkt.

Statt einer Antwort griff er in die Tasche seines Kittels und gab mir wieder einen Spiegel. »Schau nur hinein«, sagte er.

Ich nahm ihn in die Hand und sah mich selbst. Obwohl der Spiegel nur klein war, konnte ich mich ganz darin sehen.

»Was soll das?« fragte ich ärgerlich.

»Schau nur länger hin!«

Das tat ich und siehe da, mein Körper wurde durchsichtig, durch Haut und Muskeln sah ich plötzlich mein Herz. Es wurde größer und immer deutlicher und füllte zuletzt das ganze Spiegelbild aus. Voller Entsetzen starrte ich auf das, was es mir enthüllte. Es bedurfte keiner Erklärung. Ich wußte, was die einzelnen Farben bedeuteten. Das meiste war gelber Neid, dann schimmerte in einem ekligen Rot die Wut, dazwischen in giftigen Tönen die Eifersucht. Verzweifelt suchte ich die Liebe und fand schließlich im hintersten Eckchen ein winziges Flämmchen, fast am Erlöschen. Ich schämte mich entsetzlich.

»Oh Knorz, wie schrecklich! Wußtest du das damals schon?«

»Nein«, antwortete er, »das wußte nur dein Herz. Wäre die Flamme der Liebe rein und selbstlos gewesen, dein Freund hätte dich nie verlassen. Es war nur Besitzenwollen, Verliebtheit in

Äußerlichkeiten, und der Stolz, daß er ausgerechnet dich liebte. Es waren ja so viele, die ihm schöne Augen machten. Als aber eine kam, die alles für ihn aufgab, da mußte es so kommen.«

»Lieber Knorz«, ich war ganz klein und häßlich geworden, »was soll ich tun?«

»Na, dich bessern«, sagte er trocken, »wenn man seine Fehler gesehen hat, ist das doch nicht mehr so schwer. Wenn du dann meinst, in deinem Herzen aufgeräumt zu haben, kommst du wieder. Dann zeige ich dir den dritten und letzten Spiegel.«

Ich bedankte mich und ging sehr kleinlaut nach Hause.

Es dauerte einige Monate, ehe ich mit dem fertig war, was Knorz als »Aufräumen im Herzen« bezeichnet hatte. Doch nun hatte ich Frieden gemacht mit allem, was ich mit mir herumgeschleppt hatte und dachte, daß ich meinem Wichtel mit reinem Gewissen gegenüber treten konnte. Er saß unter der geborstenen Linde, hatte sein Kittelchen hochgeschoben und beide Händchen in den Hosentaschen vergraben. Lächelnd sah er mir entgegen.

»Schön, daß du kommst, ich habe auf dich gewartet«, er deutete auf ein Moospolster neben ihm, »setz dich. Ich sehe, du hast wirklich aufgeräumt.«

»Woran siehst du das?« fragte ich.

»An deinen Augen«, antwortete er, »nun kannst du in den dritten Spiegel schauen. Zuerst siehst du darin das Schicksal deines Freundes, der dich verlassen hat.«

Der Spiegel, den er mir reichte, war etwas größer als die andern beiden und als ich hineinsah, wurde mir ganz elend. Todkrank und voll Schmerzen sah ich meinen Freund auf dem Krankenlager, Frau und Kinder umstanden ihn weinend, niemand konnte ihm helfen.

»Viele Jahre wird sein Leid währen«, sagte Knorz, »bis Gott ihn erlösen wird. Er glaubte nicht an Gott und auch deine Worte haben nichts genützt. Du erinnerst dich doch, nicht wahr?«

Und ob ich mich erinnerte. Eines Tages hatten wir über Gottes Willen gesprochen und er hatte nur gelacht.

»Für mich gilt nur, was ich will. Dein lieber Gott ist doch nur ein Kinderschreck.«

Voller Entsetzen hatte ich ihn angestarrt.

»Versündige dich nicht mit dieser Gotteslästerung, Gott läßt seiner nicht spotten und er wird dich beim Kragen nehmen und dir zeigen, wer der Herr ist!«

Mir wurde ganz kalt vor Schreck, ich hatte prophetische Worte ausgesprochen.

»Er wird beten lernen«, sagte Knorz, »und dann wird Gott ihn in Liebe aufnehmen.«

Lange Zeit saß ich still, bis Knorz mir den Spiegel erneut hinhielt.

»Nein, nein, ich traue mich nicht hinein zu sehen, ich habe Angst.«

»Brauchst keine Angst zu haben«, beruhigte er mich, »sieh hinein, du wirst sehr froh werden.«

Er hatte Recht. Ich sah einen wunderschönen Garten, voll Licht und Wärme. Viele Blumen blühten in den herrlichsten Farben, klare Bäche flossen hindurch. Vögel sangen und kleine Tiere spielten darin. Der Weg dorthin aber führte durch einen dunklen Gang, in welchem jedoch in Abständen kleine Lichter brannten, so daß man sich nicht verlaufen konnte im Dunkeln. An einem Waldrand stand ein hübsches Haus mit einem roten Ziegeldach. Zwei Menschen standen davor und sonnten sich. Einer davon war ich, der andere war nicht deutlich zu sehen, man konnte nicht erkennen, wer es war. Alles atmete Glück und Zufriedenheit.

»Das ist der Garten deines Lebens«, erklärte mein Wichtel, »der andere Mensch wird dein Gatte sein und alles Licht in dem Garten kommt von eurer Liebe. Du mußt noch durch den dunklen Gang, aber schon brennen die Lichter eurer Liebe darin, um dir den Weg zu zeigen. Alles wird gut werden.«

»Soviel Licht und Liebe für mich?« stammelte ich überwältigt. »Wer ist der Mann?«

»Das darf ich dir nicht sagen, aber du wirst ihn finden, denn du kennst ihn schon. Nun gehe heim, wir werden uns sicher einmal wiedersehen.«

Ich wollte mich bedanken, aber Knorz war verschwunden.

Zehn Jahre später. Ich hocke im Rosenbeet und rupfe Unkraut. Plötzlich tippt mich etwas an den Knöchel. Ich schaue hin. »Knorz«, rufe ich überrascht, »Wie schön, dich wiederzusehen. Lieb, daß du mich besuchst.«

»Das ist kein Besuch«, erklärte Knorz, »ich wohne jetzt hier.«

»Ja, wie ist das denn möglich?«

»Ach weißt du, ich wollte immer ganz genau wissen, wie es dir geht und ob du in dem Haus am Waldrand auch wirklich so glücklich geworden bist. Da habe ich ständig meinen Vetter, der hier wohnt, mit Fragen bombardiert. Er kam auch sehr oft auf meine Bitte zu mir in den Wald, um zu erzählen. Das wurde ihm auf die Dauer zu lästig, zumal seine und meine Arbeit darunter litt. Außerdem gefiel es ihm im Wald zur Abwechselung viel besser. Da sind wir zum Oberwichtel gegangen und haben gefragt, ob wir für eine kleine Weile, ein- oder zweihundert Jahre, tauschen durften. Er hat es erlaubt, und da bin ich nun. Freust du dich?«

»Sehr freue ich mich, aber lieber Wichtel, mit der kleinen Weile hast du dich aber ein wenig vertan. Ich hab vielleicht noch zwanzig oder dreißig Jahre auf der Erde zu leben.«

»Ja, da hast du Recht, mit eurer Zeitrechnung komme ich immer durcheinander, macht nichts, Hauptsache, ich kann bei dir sein. Es macht mich so fröhlich, daß du glücklich bist.«

Ich beschließe, die ganze Geschichte aufzuschreiben. Am Abend sitze ich am Computer. Knorz ist mit hineingekommen und hockt mit untergeschlagenen Beinen auf dem Diskettenlaufwerk. Tiefsinnig blicke ich auf den noch leeren Bildschirm.

»Nun fang schon an!« Knorz ist ungeduldig.

»Ich denke gerade darüber nach, ob mir das ein Mensch glaubt, daß auf meinem Diskettenlaufwerk ein Wichtelmann sitzt«, sage ich.

»Kein Mensch wird dir das glauben. Aber macht das etwas aus?«

Und da hat er wieder einmal Recht.

Knorz und die Maus

Auf unserer Terrasse unter dem Kaminholz wohnt eine Maus. Das heißt, ob sie da wohnt oder in der Trockenmauer gegenüber, wissen wir nicht. Wir sehen sie nur immer unter dem Tisch herflitzen und entweder im Holz oder in der Mauer verschwinden. Gleich neben der Terrassentür liegt der Abfluß eines Dränagerohres, das unter der Trockenmauer liegt. Eines Tages hörten wir ein seltsames Geräusch von draußen. Wir gingen hinaus, sofort hörte es auf. Wir gingen wieder hinein, zwei Minuten später begann es wieder. Das Spielchen ging den ganzen Vormittag. Endlich, unsere Geduld war schon reichlich strapaziert, hörten wir es auch, wenn wir draußen waren. Es kam aus dem Abfluß vor der Tür. Hans nahm die Abdeckplatte herunter – nichts, und wieder Stille. Kaum war die Platte wieder darauf, ging es von vorne los.

»Ich glaube, da sitzt unsere Maus drin«, sagte ich, »wir sollten auf die Platte klopfen, damit sie wieder weggeht.«

Gesagt, getan, jedesmal, wenn das Mäuschen anfing zu kratzen, klopfte ich mit dem Schuh auf die Platte, dann wurde es still. Das half aber nur kurze Zeit. Nach einer Weile nützte es auch nichts mehr. Genervt von dem ständigen Gekratze nahm ich noch einmal die Platte ab. Siehe da, die Maus saß in dem Abflußrohr und starrte mich verängstigt an.

»Haaans« brüllte ich, »komm mal her, ich glaube, die Maus kann gar nicht mehr zurück!«

»Brüll doch nicht so«, kam es aus dem Hintergrund. Hans kam aus seinem Büro, nun beugten wir uns beide herunter und starrten die Maus ratlos an.

Schließlich hatte ich eine Idee.

»Leg doch die Leine vom Fender in das Loch, daran kann sie dann hochklettern.«

»Guter Gedanke«, lobte mich mein Mann, nahm die Leine und ließ sie in das Loch hinunter. Sofort griff die Maus mit beiden Vorderpfötchen nach dem Tampen und richtete sich daran auf.

»Na, nun komm schon«, sagte ich.
»Du glaubst doch nicht, daß die sich da heraus traut, wenn DU dein Gesicht dahin hältst?«
»Meinst du, du wirkst vertauenerweckender?« konterte ich.
»Mäuse haben überhaupt etwas gegen Menschengesichter«, ließ sich die Stimme aus dem Hintergrund wieder vernehmen, »verschwindet jetzt, aber alle beide. Es hat mich genug Überredung gekostet, damit sie überhaupt sitzen blieb, als ihr das Gitter abgenommen habt!« Brav gingen wir ins Haus. Knorz blieb noch draußen. Ein paar Minuten später hörten wir ein leises Klappern.

»Ich hab das Gitter mit einer Ecke auf die Leine gelegt, dann konnte man hören, wenn sie darüber lief«, sagte Hans, »es hat geklappt.«

Richtig, der Abfluß war leer. Knorz kam mit mir in die Küche.
»Wie ist sie dahin gelangt?« wolle ich wissen.
»Ein selten dämliches Vieh«, seufzte Knorz. »Einige Male hat sie schon versucht, in das Rohr zu laufen. Ich hab ihr gesagt, daß es zu gefährlich ist. Aber nein, neugierig sind diese Mäuse! Kaum hatte ich den Rücken gedreht, sauste sie hinein. Du wirst es nicht glauben, sie saß schon gestern dadrin. Bis ich ihr begreiflich gemacht hatte, was zu tun war, hatte ich schon fast die Geduld verloren. Krieg mal eine Maus dazu, still zu sitzen, wenn ein Mensch sie anguckt. Und dann brüllst du auch noch so laut nach Hans. Höchst unvernünftig! Mindestens zwanzigmal habe ich ihr erzählt, daß ihr Mäusen nichts tut, solange sie nicht in der Wohnung Käse und Pullover fressen. Und dann haut ihr auch noch wie beknackt auf dem Gitter herum! Ich bin wirklich enttäuscht von euch.«

»Beknackt!« Ich war empört. »Woher hast du denn das Wort? Von uns hörst du so etwas nicht.«

Knorz wurde verlegen. »Ach, ich bin ab und zu nebenan auf dem Schulhof in der Pause. Du, da hab ich Sachen gehört, da legst du die Ohren an, zum Beispiel....«, »Hör auf« rief ich ärgerlich, »schämst du dich nicht? Was meinst du, was du zu hören bekommst, wenn du wieder in den Wald mußt und brauchst solche Ausdrücke bei deinen Waldwichteln. Da gibt es bestimmt Zoff, äh, Ärger mit dem Chef.«

»Zoff? Ist das nicht auch ein Ausdruck vom Schulhof?« fragte er scheinheilig.

»Ich will dir mal was sagen«, wich ich der Frage aus, »du hast dich sehr zu deinem Nachteil verändert. Früher warst du ordentlich, liebenswürdig und nett, jetzt bist du aufmüpfig, um nicht zu sagen frech geworden. Wie kommt das nur?«

»Ich bin seit sieben Jahren bei euch, ich habe mich nur angepaßt!«

Blitzschnell fuhr ich herum und warf den Spüllappen nach ihm. Nicht schnell genug, Knorz war schon um die Ecke, flitzte auf die Terrasse und hockte nun auf dem Tisch und grinste.

»Haaans, hast du diese Unverschämtheit gehört?«

Mein lieber Mann kam aus dem Büro geschlendert. »Wieso Unverschämtheit? Er hat doch recht. Ich hab mich ja auch angepaßt!«

Diesmal traf mein Spüllappen, Knorz fiel vor Lachen vom Terrassentisch, direkt auf die Maus, die gerade wieder vom Holz auf dem Weg zur Trockenmauer war.

»Geschieht dir ganz recht«, rief ich ihm nach, als er mitsamt seiner Maus in der Trockenmauer verschwand.

Hans trocknete sich das Gesicht ab und brachte mir vorsichtig den Lappen wieder. Zur Strafe verdonnerte ich ihn zum Abtrocknen.

Meine Verse

Daß ich auch ständig mein Gehirn verrenke,
Und immer nur in Versen denke!
Was andere einfach berichten,
Muß ich unbedingt bedichten.

Ob Chef, ob Urlaub, Liebesleid,
Sturm und Regen, Nachbarstreit,
Ich bin immer erst zufrieden,
Konnt' ich davon Verse schmieden.

Dann reihen Worte sich an Worte.
Wenn sich's reimt, wird's ein Gedicht.
Mal eins von der bess'ren Sorte,
Vielleicht auch nur ein Schmalzgericht.

Goethe, Schiller und Fontane,
Ja, die konnten's wirklich gut.
Die Verse: allererste Sahne,
Davor zieh ich glatt den Hut!

Wenn am Gebein die Würmer nagen,
Und mein Buch zu Staub zerfallen,
Werd' den lieben Gott ich fragen,
Haben sie denn Dir gefallen?

Neunzig Prozent

Unser Körper bestehe zu neunzig Prozent
Aus Wasser, so sagte der kluge Dozent.
Ich beschließe, sofort in dasselbe zu gehn,
Denn was soll ich an Land mit den restlichen Zehn.

Seit ich das weiß, ist mir endlich klar,
Warum im Wasser mir wohler war,
Als an Land mit all meiner Erdenschwere,
Warum ich viel lieber ein Walfisch wäre.

Ob Kraul oder Delphin, ob Brust oder Rücken,
Schwimmen ist immer reines Entzücken.
Doch muß man immer wieder an Land
Zwecks Nahrungsaufnahme, das ist bekannt.

Wenn man im Wasser doch schlafen könnt,
Hätt' ich schon lange im Freibad gepennt,
Oder wäre in den Atlantik gezogen,
Und wohnte auf meterhohen Wogen.

Und geht's mir mal dreckig an Seele und Leib,
Im Wasser vergeht die Wehleidigkeit.
Der Grund sind sicher die neunzig Prozent,
Von denen er sprach, der kluge Dozent.

Mittagsschlaf

Die Mittagsruhe heilig ist,
Weil man meistens zuviel ißt.
Dann will man lieber gar nichts tun,
Als sich genußvoll auszuruhn:
Gedacht, getan, man legt sich hin,
Und hat Schlafen nur im Sinn.
Da wirft der Nachbar, dieser Dackel,
Mit viel Krach und viel Gefackel
Seinen Rasenmäher an,
Daß man nicht mehr schlafen kann!
Was tun, es ist grad zwei vorbei,
Was denkt der sich denn bloß dabei?

Flux zum Telefon gegriffen,
Und ihn erst mal angepfiffen.
Er meint, es ginge anders nicht.
Ich sag, es sei Gesetzespflicht,
Die Mittagsruhe einzuhalten,
Statt Rasenmäher einzuschalten.
Schon ist der Streit im schönsten Gange,
Doch ich fackel gar nicht lange,
Und drohe mit dem Ordnungsamt.
Da hängt er auf! Er sei verdammt!
Jetzt ist's mittags wirklich still,
Weil's das Ordnungsamt so will.

Doch ein Haken ist dabei –
Sonst lieh ich mir schon mal ein Ei,
Kriegt' Stachelbeeren und Salat,
Was ja nun ein Ende hat.
Die Moral von der Geschicht'
Leg dich mittags schlafen nicht.

Oder:
Zank mit deinem Nachbarn nicht,
Das kostet dich Salat und Eier,
Auf Dauer ist das viel zu teuer!

Schach

Mit tiefgesenkten, ernsten Stirnen
Brüten da acht Mann
Schwerstarbeit von acht Gehirnen,
Wer besser spielen kann.

Ein jeder brabbelt vor sich hin,
Brüllt auch wohl zornig auf:
Wo will die Dame denn nun hin?
Was nimmt der da in Kauf?

Ha – Verruchter – brüllt es hier,
Das wird dir wenig nützen,
Des Schachbretts allerschönste Zier,
Die Dame wegstiebitzen.

Verwegener, was tust du dort
Mit dem verdammten Turm?
Das ist ja glatter Bauernmord!
Dein Angriff hat den Wurm.

Von Weiß ein wilder Wutschrei gellt:
Das ist ja hundsgemein!
Was mach ich jetzt, die Dame fällt!
Da hilft nicht Zetern und nicht Schrei'n.

Ein Spieler rollt sein Chewingum
Verzweiflungsvoll nach links.
Daß er auch heute gar nichts kann!
Springer F3, Schachmatt – na, stimmt's?

Beim Skat

Drei Buben hab' ich auf der Hand,
Was dann noch kommt, ist eine Schand.
Sieben, acht und Dame, König,
Für jedes Spiel ist das zuwenig.

Ach Gott, Frau Pott, ruft Inge aus,
Was ich hier hab', ist schlicht ein Graus.
Die Traute schüttelt nur den Kopf.
Was mach ich nur, ich armer Tropf!

Ja, sage ich bei achtzehn leise,
Und hab das Spiel, ist das 'ne ...Gemeinheit.
Der Blinde gibt auch nicht viel her,
Man erwartet auch nichts mehr.

Wie heißt das Kind, raus mit der Sprache!
Kreuz spielst du, daß ich nicht lache:
Davon hab ich auch ein paar.
Contra sag ich, ist das klar?

Dann rupft man mir so peu-à-peu
Die Punkte raus, und das tut weh.
Mein letztes As wird abgestochen,
Ich hab die Pleite schon gerochen.

Ein Bockspiel war es außerdem,
Drei neue gibt's, das war bequem.
Und kostet mich dann doppelt Geld,
Das hat mir gerade noch gefehlt.

Warum ich Skat spiel, möcht ich wissen,
Gelegentlich ist's doch be...scheiden.
Manchmal gibt es gute Karten,
Man muß nur geduldig warten.

Dann nagt man fix die andern ab,
Und Contra – Re bringt sie auf Trab.
Wenn die dann bezahlen müssen,
Find ich's gar nicht mehr be...scheiden.

Selbsterkenntnis

Ich sitze da,
Gucke hinaus,
Und finde mich so dumm!
Die Feder stumm,
Gehirn so leer,
Das Denken macht so müde.
Es hat einmal
Vor langer Zeit
Die Muse mich innig geküßt.
Sie war nicht treu,
Husch – war sie weg.
Warum?
Wenn ich das wüßt!

Gemütlichkeit

Abend ist's, ich liege auf dem Bett
Und find' das Leben heut mal nett.
Golden funkelt ein Glas Wein,
Mehr brauch ich nicht zum Glücklichsein.

Im Radio leis die Geige wimmert,
Das Mondlicht durch den Vorhang schimmert
Eilig tropfen die Sekunden
Und verwandeln sich in Stunden.

So lieg ich im Dämmern und träum vor mich hin.
So vieles geht mir durch den Sinn.
Ich träume von Liebe, von Glück und von Geld
Man möchte das Schönste auf dieser Welt.

Der Strom des Lebens rauscht weiter und weiter
Mal spannend, mal traurig und oft auch heiter.
Doch bist du glücklich und bist nicht allein,
So krönet die Stunde der goldene Wein.

Der verhexte Computer

Zwischen Daten und Dateien,
Textprogramm und Microchip
Geistert plötzlich
Ganz ergötzlich
Ein verliebtes Wort.
Zentraleinheit und Bildschirmtext
Sind sich nicht mehr einig!
Wer hat mein Gerät verhext?
Das warst du!
Gib es zu!

Um Mitternacht

Es wimmert der Wind am zackigen Grat,
 Er heult durch tiefe Schluchten.
Die Bäume stöhnen halb im Schlaf,
 Es seufzen See und Buchten.

Das Käuzchen singt sein Totenlied,
 Die Hunde jaulen grauslich.
Das schreckerfüllte Auge sieht
Die Hölle, schwarz und scheußlich.

Gespenster wehen durch das Tal,
 Wie feine Nebelfetzen,
Schaust du sie an in ihrer Qual,
 Erstarrst du vor Entsetzen.

Pilot und Maschine

Hell in der Sonne blitzen die Schwingen,
Gleichmäßig die Turbinen singen,
So steigt durch drohende Wolkenmeere
Die Maschine hinauf in die Stratosphäre.

Es jauchzt das donnernde Lied vom Motor
Über der Erde zur Sonne empor.
Freie und stolze Beherrscher der Welt
Sind Pilot und Maschine am Himmelszelt.

Hinter sich lassend Sorge und Not,
Den Kampf um das Dasein, das tägliche Brot
Zu einer Einheit zusammengeschweißt,
Die Kraft der Technik und menschlicher Geist.

Das Herz der Maschine im Pulsschlag der Zeit,
Der Himmel so nah und die Erde so weit.
So steigen sie aufwärts, der Sonne entgegen,
Pilot und Maschine – eine Kraft, ein Leben!

Lebensweisheit

Man soll sein Schicksal mit Humor ertragen,
Möglichst lächelnd Ja und Amen sagen.
Jedoch bei eig'ner Schuld wird's ernst,
Und du zu spät aus deinen Fehlern lernst.

Liebeskummer ist sehr ernst zu nehmen,
Würden alle Männer nur nicht wähnen,
»Sie« sei für ihn das allerhöchste Glück!
Später kann er dann nicht mehr zurück.

So schleppt er knirschend seine zarte Bürde,
Nimmt jeden Tag wie eine neue Hürde
Er braucht dazu unendlich viel Geduld.
Lass ihn doch, er ist ja selber schuld.

So mancher Mann geht gern mal einen heben,
Warum auch nicht, das wird es immer geben.
Dann trinkt er Wein, vielleicht noch Korn und Bier,
Ruft hell begeistert: »Hei, wie schmeckt es mir!«

Am andern Morgen, dieser Schrecken,
Muß ihn die holde Gattin wecken.
»Ich bin schwerkrank«, stöhnt er zum Steinerweichen,
Weiterschlafen – mehr will er nicht erreichen.

Es nützt ihm nichts, es muß ja sein,
Er schimpft gar sehr, das sei gemein.
Er trägt den Kater gar nicht mit Geduld.
Lass ihn doch, er ist ja selber schuld.

Setzt sich einer mal beschwipst ans Steuer,
Rast mit hundert Sachen gegen ein Gemäuer,
Dann ist der Wagen meistens restlos hin!
Die Knochen auch! Hat das nun Sinn?

Das Unvermeidliche läßt sich mit Würde tragen,
Brauchst du nicht eig'ne Fehler anzuklagen.
Bevor du handelst, überleg' zuvor.
Kommt dann das Elend doch,
Verlier' nicht den Humor.

Die Jazztrompete

Ich sitze da und hör' mit Grausen
Der Jazztrompete zu.
Mit Wimmern, Tuten, Quäken, Sausen,
Läßt das Biest mir keine Ruh'.
Dieses scheußliche Gequiek,
Man sollte es nicht meinen,
Nennen andere Musik!
Ich finde es zum Weinen!

Die grüne Bank

Ach, die Nacht war so romantisch,
Und die Luft so lind und warm.
Wir beide schlenderten gemütlich
Durch den Abend, Arm in Arm.

Dort am Wege eine Bank,
Arglos ließen wir uns nieder.
Endlich sitzen, Gott sei Dank.
Um uns duftet weißer Flieder.

Langsam kommt der Mond geschlichen,
Grinst verstohlen, ach, wie schön,
Diese Bank war frisch gestrichen,
Doch ihr zwei habt's nicht geseh'n.

Die Moral von der Geschichte,
Hör gut zu und merke auf:
Setz dich nur bei Tageslichte
Auf 'ne grüne Banke drauf.

Mitternacht

Es steigt der Rauch der Zigarette
Leicht kräuselnd auf aus meinem Bette.
Ich liege ganz allein, wie immer,
Leise flirrt der Kerzen Schimmer.

Das Radio spielt verliebte Weisen,
Die Gedanken gehen auf Reisen.
Mitternacht – der Tag klingt aus,
Am liebsten führ' ich noch hinaus.

Ich krümele mir meine Kissen
Zum Schlaf zurecht und möchte wissen,
Ob meine Nächte lebenslang
So einsam bleiben und so lang.

Ach, was kann ich da schon tun,
Als mich einfach auszuruhn.
Doch preist mir nicht die Sittsamkeit
Bei Mangel an Gelegenheit.

Durst

Wenn andere beim Weine sitzen
Und sagen fröhlich »Prost«,
Wenn ich muß über Büchern schwitzen,
Dann brauch ich dringend Trost.

Viel fürchterliche Strafen
Gibt es auf dieser Welt,
Die manchen Menschen trafen,
Den Schwächling wie den Held.

Das Heimweh quälte mich oft sehr,
Doch war es zu ertragen.
Liebeskummer schmerzt oft mehr,
Als ein leerer Magen.

Die schlimmste jedoch, die ich weiß
Von allen Folterqualen
Ist der Durst, so brennendheiß,
Der ist kaum auszumalen.

Ich selber kann ja nichts dafür
Hab' ich 'ne trockne Kehle.
Papa trinkt auch so gerne Bier,
Die ewig durst'ge Seele.

Auch meine Mutter sagt nicht nein,
Bei Kognak oder Pils.
Es muß bei mir Vererbung sein,
Oder auch die Milz.

Die Grippe

Es stürzen wie hungrige Geier hernieder
Die Schmerzen, zerfetzen mir meine Glieder.
Ich lieg' da, geschüttelt von Angst und Entsetzen
Und höre Freund Hein die Klinge wetzen.

Herr, steh' mir bei, es ist nur die Grippe.
Ich sehe mich schon als Totengerippe.
Ich bete um Kraft, um es auszuhalten,
Verfluche der Viren unheimliches Walten.

Bis schließlich die rote Fieberglut
Auslöscht das Beten und auch die Wut.
Ich falle in einen roten Krater
Mit letzter Bitte: »Hilf mir, Vater«.

Die langen Nächte

Wie schnell ist ein frohes Jahr vorbei,
Wie lang eine schmerzvolle Nacht.
Es kommt mir vor wie Hexerei,
So hat sich das Jahr davon gemacht.

Jedoch die Nacht voll Angst und Pein,
Lieg ich allein im Zimmer,
Die klebt an mir wie zäher Leim,
vergehet nie und nimmer.

Wenn endlich dann der Morgen dämmert,
Und es beginnt der neue Tag,
Fühl' ich mich weniger belämmert
Da ertrag ich's ohne Klag'.

Figurprobleme

Wie kann man nur soviel Pommes Frites essen
Und gänzlich der Ästhetik vergessen.
Die Linie ist total im Eimer,
Gesagt hat's allerdings noch keiner.

Wenn ich doch nur nicht soviel äße,
Der Speck so dick auf den Rippen säße.
Siebzig Kilo, ich bin zu dick.
Ich war einmal sehr schlank und schick!

Gute Figur? Da muß ich lachen
Und hör die Kleidernähte krachen.
Mein schwarzes Kostüm, das rote Kleid,
Ach, tun mir die Sachen leid.

Nein, da kann ich gar nichts machen,
Sie bleiben halt im Schrank, die Sachen.
Ich esse weiter froh und munter
Die Speisekarte rauf und runter.

Als aupair Studentin

Wenn ich am lichten Frühlingstag
Gemütlich durch Paris spaziere,
Alle Sorten Wein probiere,
Einmal in die Seine spucke
Und den Eiffelturm begucke,
Dann ist das Leben interessant,
Ich find's schön im fremden Land.

Wenn wir an der Champs Elysee
Genußvoll unsern Kaffee schlürfen,
Die Männer heiße Blicke werfen,
Wenn staunend wir vor Domen stehn,
Den Triumphbogen am Etoile sehn,
Dann ist das Leben interessant,
Ich find's schön im fremden Land.

Doch wenn ich dann am späten Abend
Einen deutschen Sender hör,
Packt mich das Heimweh, und wie sehr!
Der Muttersprache süßer Laut
Klingt so freundlich, so vertraut.
Und ich zerdrücke eine Träne,
Weil ich mich nach Hause sehne.

Paris

Paris hat seine eigene Art,
Das Mark aus den Knochen zu saugen.
Das Pflaster hier ist verflucht hart
Für Sohlen, die nicht viel taugen.

Paris ist wie ein eisiger Fluß,
Es strudelt wild und strömt.
Man schwimmt mit, weil man ja muß,
Und jammert, flucht und stöhnt.

Paris hat wirklich schöne Kulissen,
Doch wehe, du guckst dahinter,
Von oben bis unten alles be – scheiden,
Ganz besonders im Winter.

Die Metro

Vorbeiflitzende, graue Mauern,
Stumpfe Gesichter, kurz vor'm Versauern,
Kreischende Schienen und schlechte Luft,
Gemischt aus Parfüm- und Knoblauchduft.

Knutschende Pärchen, gemalte Gesichter,
Schnauzbärtige Männer, Asiatengelichter,
Knallrote Nägel an schmutzigen Händen,
Verrückte Reklame an allen Wänden.

Das ist die Metro nachts in Paris.
Nach fünf Minuten ist mir mies.
Ich denke voller Schreck und Graus,
Wär' ich hier erst wieder 'raus.

Dann steigt man hinauf aus dem zugigen Loch
Schaut in den Himmel, wie schön ist es doch,
Den Mond, die Wolken, die Sterne zu sehn.
Aufatmend bleib ich am Eingang stehn.

»Pardon, Mademoiselle, Vous eté tout seul?«
Verdammt, den Kerl wünsch' ich zur Höll'.
Mais c'est la vie nachts in Paris.
Pfui Teufel, ist der Bengel fies.

Da hilft nur eins: Ein eisiger Blick
Von oben bis unten, ein Schritt zurück:
»Fichez moi la paix!« Das reicht,
Er dreht sich um und ist entfleucht.

Ich mach mich eilig auf die Socken,
Weil da noch mehr Figuren hocken.
Ich bin ja keine leichte Beute,
Nicht bei den Typen, und nicht heute.

Engelreigen

Im Abendschein
Gleiten Engelein
Auf rosa Flügeln
Von blauen Hügeln
Zart wie ein Hauch.
Öffne dein Herz,
Dann siehst du sie auch.

Ich stand allein an die Reling gelehnt
Und habe mich ganz plötzlich gesehnt
Diesen himmlischen Engelreigen
Ihnen zu zeigen.
Ich frag' mich warum,
Denn in Wirklichkeit
Sind Sie viel zu weit.
Auch ist mir überhaupt nicht klar,
Was der Grund für diese Gedanken war.
Es sei denn, Sie haben in jener Nacht
Irgendwie an mich gedacht.

(Was Unfug wäre und gänzlich unstatthaft.)

Abend auf dem Wasser

Wölkchen vom Abendwind zerzupft,
Birken zart an den Himmel getupft,
Ein Scherenschnitt aus Filigran,
Die Brücke über des Stromes Bahn.

Ein Mantel aus Zärtlichkeit
Ist uns die Dunkelheit.
Das Wasser spiegelt der Sterne Schein,
Der Himmel taucht in den Strom hinein.

Leise plätschert die Welle am Heck,
Ich sitze still und staunend an Deck.
Wie wunderschön ist diese Welt,
Die Gottes Liebe uns erhält.

Winterzeit

Heut streut' ich Körner ins Vogelhaus,
Jetzt fliegen die Gäste ein und aus.
Unter zartblauem Winterhimmel
Ein lustig Geflatter und buntes Gewimmel.

Die dicke Drossel, ganz aufgeblasen,
Hat die kleine Meise nicht reingelassen.
Da hockt sie mit schiefgelegtem Kopf
Und guckt nach dem Futter, der arme Tropf.

Endlich fliegt die Drossel davon,
da kommen all die Kleinen schon,
Rotkehlchen, Spatzen, ein Dompfaffenpaar,
Die kenn ich, die kamen schon voriges Jahr.

Wie schön, daß ihr alle so fröhlich seid,
Trotz Winterkälte voll Heiterkeit.
So will ich beten für euer Leben,
Mögt ihr mir weiter viel Freude geben.

Schußfahrt

Bei einer Schußfahrt sehr rasant
Hat sich mein rechter Ski verkant'.
Ein Salto dann die Folge war,
Der Hans war vor Entsetzen starr.

Jetzt ziert den Daumen rechter Hand,
Ein raffinierter Gipsverband.
Vorbei der Kamikaze-Ski,
Ich fahre langsam wie noch nie.

Mit vielen Kurven und ganz sachte
Ich jetzt jede Abfahrt machte.
Viel schlimmer wär' es doch gewesen,
Könnt' im Bett ich nur genesen.

Skifahrer

Der Himmel ist so blau und licht
Im Gletschereis die Sonn' sich bricht.
Wir gleiten ins Tal in sanftem Bogen,
Der Spuren im Pulverschnee gezogen.

Frei wie ein Vogel und leicht wie der Wind,,
Wir Skifahrer auf den Brettern sind.
Ob Buckelpiste, ob Pulverschnee
Ist uns egal, nur Schnee, nur Schnee!

In den Bergen

Mausknöcheltiefer Pulverschnee,
Im Tale schimmert grün ein See.
Es funkelt diamantengleich
In der Berge Zauberreich.

Gletscher wie Smaragdgestein
Blenden uns im Sonnenschein.
Schneefahnen über Gipfel zieh'n,
Gleiten wie Engelsboten dahin.

Kalter Wind durch Mark und Bein
Stört uns nicht, das muß so sein.
Wenn die Skier zu Tale rauschen,
Woll'n wir mit keinem König tauschen.

Lawinentag

Storchenbeine, Kniebundhose,
Roter Janker, Halstuch lose,
Steht man da mit trister Miene
Beguckt sich eine Schneelawine.

Skipaß vor'm Bauch gut sichtbarlich,
Nur fahren kann man leider nicht.
Lassen wir den Mut nicht sinken,
Es werden bess're Tage winken.

Sonnenaufgang

Auf schwarzen Schwingen
Enteilt die Nacht.
Müde gehn die Sternenkinder
In ihr Himmelbett.
Beendet ist des Mondes Fahrt.
Mahnend pochen seine letzten
Blassen Strahlen
An das Wolkenbett der Sonne.
Verschlafen öffnet Mutter Sonne
Ihr großes Feueraug.
Dann schickt sie ihre Botin
Das Morgenrot.
Die rosenfingrige Morgenröte
Haucht den Himmel an,
Da erwachen Wald und Heide.
Fröhlich lacht der Bach.
Dann steigt Mutter Sonne selbst
Auf am Horizont.
Und es bricht das große Leuchten
Über uns're Welt hinein.

Oktober

Sacht weht der Herbstwind über mein Gesicht,
Die Sonne wärmt nur, sie verbrennt mich nicht.
Der Sommer hängt sich Silberfäden um,
Ein Gruß zum Abschied, seine Zeit ist um.

Der Himmel trägt ein tiefes, sattes Blau
Mit Gold verbrämt, ich weiß genau:
Dies ist die schönste Zeit des sanften Lichts.
Herz, freue dich, denn heut betrübt dich nichts.

November

Der Sturmkönig hat die Windsbraut gefreit,
Nun sind sie auf Hochzeitsreise.
Jubelnd jagen sie Seit an Seit
Über die braune Heide.

Graue Wolken ihr Hochzeitskleid,
Mit Regenperlen bestickt.
Statt Blumen sind Hagelkörner gestreut,
Der Brautstrauß aus einer Eiche geknickt.

Sie brausen über Land und Meer,
Und kennen keine Pause.
Sie treiben die Schiffe vor sich her,
Und kommen nie nach Hause.

An Beethoven

Göttlicher Meister,
Herrscher der Töne
In Ewigkeit –
Es leben Klänge
Himmlischer Reinheit
In dir allein!
Du nur kannst trösten,
Du nur kannst heilen
Bittersten Schmerz!

Schicksal

Aus Ruhe, Frieden und Einsamkeit
Rissest du mich, Schicksal.
Aus grauen Tiefen, aus dunkler Zeit
Hobest du mich, Schicksal.
Vom Sternenhimmel, so klar und weit
Stürztest du mich, Schicksal.
Im Sturze verschwand das Gedenken an Leid –
Nun stehe ich, Schicksal,
Jenseits der Zeit!

Wintersonne

Wintersonne, kalt und still,
Blickt mir ins Gesicht.
Wohl weiß ich, was sie sagen will,
Doch ich hör' es nicht.

Wintersonne, kalt und still,
Am blassen Firmament,
Die Flamme, die nur leuchten will,
Mir jetzt das Herz verbrennt.

An Heinrich Heine

Ich lasse meine Seele dringen
In das Reich der großen Meister.
Ich lasse meine Kräfte ringen
Mit der Macht der Geister.

Und in ungestillten Gluten,
Find' ich eig'nen Schmerz.
Sehe rote Wunden bluten
In des Weltalls Herz.

Durch unsterbliche Gedanken
Sprechen zu mir all die Toten,
Die, zerreißend alle Schranken,
In gleicher Flamme lohten.

Allein

Die Seele nur, die wahrhaft groß,
Trägt des Alleinseins hartes Los.
Ohne Jammern, ohne Klagen
Wird sie sich in sich selber tragen.

Aus geheimnisvollen Quellen
Strömt eine Kraft wie gold'ne Wellen,
Trägt sie hinauf zu ihren Sternen.
Erschließt ihr lichterfüllte Fernen.

Aus des Leidens bitt'rer Macht,
Schöpft nur die starke Seele Kraft,
Als wenn der Nachtgestirne Licht
Sich in ihren Tiefen bricht.

Heimweh

Ich hielt den Baum umschlungen,
Ich klagte ihm mein Leid.
Ich hab' mit Gott gerungen,
Stille stand die Zeit.

Ich lag auf kalter Erden,
Ich schrie und weinte laut.
Ich wünschte nur zu sterben.
Der Wald gab keinen Laut.

Kein Trostwort klang hernieder,
In meine Einsamkeit.
Das Herz ward still und müder
Weint' ich aus mein Leid.

Ich blickte durch die Gipfel
Zum Abendhimmel auf,
Da flüsterten die Wipfel
Vom ew'gen Weltenlauf.

Die Erde trank die Tränen,
Sie ward ein großes Grab,
Darin ich all' mein Sehnen
Und Leid begraben hab.

Reine Liebe

Das ist die reinste Liebe
Die ewig unerfüllt,
Wie eine keusche Jungfrau
Sich züchtig ganz verhüllt.

Sie brennt in deine Seele
Ein göttlich Zeichen ein,
So daß dein ganzes Wesen
Leuchtet von ihrem Schein.

Liebe

Nichts lebt,
Was dich liebt,
Es sei denn
Du liebst.
Dann liebt dich alles.

Meine Liebe

Meine Liebe hülle dich ein
Wie in ein silbern Gewand.
Meine Liebe schütze dich fein
Wie Gottes schirmende Hand.

Meine Liebe geht Tag und Nacht
Wie ein Schatten neben dir her.
Meiner Liebe heilige Macht
Wird tragen, was dir zu schwer.

Meine Liebe ist wie das All,
Sie kennt nicht Raum, nicht Zeit.
Sie sieht dich immer und überall,
In Leid und in Seligkeit.

Für Dich

Wir tauschten die Ringe
Für eine Nacht.
Da sind alle Dinge
Zum Leben erwacht.

Der Nebel ward leuchtend,
Der Regen ein Fest.
Du hältst in den Händen
Mein Herz so fest.

Der Ring ward zum Bannkreis,
D'rin ich mich verlor.
Die Liebe so glutheiß
Die er sich erkor.

Die Nacht geht zu Ende,
Das Taglicht löscht aus,
Was deine Hände
Getragen nach Haus.

Warten auf dich

Es brauset, rauscht und dröhnt,
Es ist, als wenn der Asphalt stöhnt.
Diesel fauchen, Reifen singen,
Bremsen kreischen, Hupen klingen.

Und ich weiß dich irgendwo
Im Inferno dieser Straßen.
Wird man seines Lebens froh,
Wenn alle wie die Irren rasen?

Doch beherrscht dein kühler Blick
Souverän das Asphaltband.
Ich warte! Bitte, komm zurück,
Und gib mir deine Hand.

Zuversicht

Glocken, wie aus Gold gegossen,
Geben hellen Ton.
Wie vom Himmelszelt geflossen,
Aller Liebe Lohn.

Alle Glocken werden klingen,
Wenn ich bei dir bin.
Engelchöre werden singen,
Reich' ich dir die Hände hin.

Stunden, ganz in Gold gefaßt,
Werden unser sein.
Zweier Herzen süße Rast,
Läßt gelten mein und dein.

Durch alle dunklen Stunden,
Trägt dieser Hoffnung Licht.
Bis das Leid ist überwunden,
Und der Tag des Glücks anbricht.

Sommersonne

Sommersonnenseligkeit –
Bist du wirklich noch so weit?
Blauen Himmel, warme Sonne,
Schwitzen, schwimmen, diese Wonne,
Sollten wir doch jetzt erleben.
Doch statt dessen nichts als Regen.

Schmierig schmutzig trübes Grau,
Wie Gefängnisdrahtverhau,
Deckt den blauen Himmel zu.
Es stürmt und regnet ohne Ruh.
Und es ist so naß und kalt,
Als käme der November bald.

Sonnenlicht und Freundeslachen
Können Tage schöner machen.
Fehlt ein gold'ner Sonnenstrahl
In diesem Regenjammertal,
Muß die Freundschaft heller glänzen
Und das Sonnenlicht ergänzen.

Doch wenn erst die Sonne scheint.
Und der Himmel nicht mehr weint,
Und du lachst und freust dich mit,
Dann ist es schön. Petrus, ich bitt'
Um Sommersonnenseligkeit!
Die Kälte sind wir gar so leid.

Sommerglück

Ich grüsse die Sonne und hebe mein Glas,
Leb wohl, du Sommer so kalt und naß!
Es perlt der Sekt, er funkelt wie Gold,
Ich lieb' diesen Sommer, mir war er hold.

In Nässe und Kälte, fast über Nacht,
Hat dieser Sommer mir Glück gebracht.
Die schönsten Augen, ein Herz sind nun mein,
Ja, kann ein Sommer denn herrlicher sein?

So grüß' ich die Sonne und hebe mein Glas,
Ich danke dem Sommer so kalt und naß.
Mein Herz nimmt Abschied, doch dankbar und froh,
Sagt es ganz leise: ich liebe dich so!

Im Freibad

Es war an einem Nachmittag,
Als ich zu deinen Füßen lag.
Es hatte geregnet, wir waren allein,
Die Stunde mußte bedichtet sein.

Ich dichtete lyrisch, ich dichtete heiter,
Mit der Dramatik ging es dann weiter.
Ich meinte, es sei erst gestern gewesen,
Als ich folgende Zeilen wieder gelesen.

Lyrisches Intermezzo

Die Welt ist heiter, der Himmel so blau,
Ich liege zu deinen Füßen.
Wenn in dein liebes Antlitz ich schau,
So ist's, als ob Engel mich grüßen.

Und wenn du mir sagst ein liebes Wort,
Und reichst mir deine Hand,
So tragen die Engel uns beide fort,
In's selige Liebesland.

Heiter und frech

Japsend lieg' ich auf den Platten,
Lila Latschen vor der Nase.
Gut, daß wir noch Sonne hatten,
Sonst verkühlt' ich mir die Blase.

Den Bauch total mit Ruß beschmiert,
Dreht' ich mich arglos auf den Rücken.
Da hätte ich mich doch geniert,
Mich an dein weißes Hemd zu drücken.

Du hast auf mich herunter geguckt,
Und hast mit keiner Wimper gezuckt.
Ich dachte bei mir, lieg still und genieße,
Wenigstens sind es saubere Füße.

Dramatisch

Wer bist du –
des hehres Antlitz
Wolkengekrönet
Sich neiget vom hohen Olymp
Hernieder zu mir?
Bist gesandt du von Zeus,
Dem Ägäiserschütterndem?
Sieh – ich liege zu deinen Füßen
Sehend vom leuchtenden Gold
Umflossen dein Haupt,
Hephäistos Boten dir dienend.
Nicht Ares, der goldschimmernde
Kriegsgott bist du,
Denn milde leuchtet dein Auge,
Sanft ist dein Mund.
Süße Schauer durchrieseln mich,
Könnt' ich umfassen dich.

Ein Lächeln

Zwei blaue Augen im blassen Gesicht,
Bringen in dunkelste Tage Licht.
Schau in ihr Leuchten ich hinein,
Möcht' für immer ich bei dir sein.

Die Wärme des Sommers, die Zeit voller Glück,
Ein Blick von dir bringt alles zurück.
Ein leises Lächeln, erinnerungsschwer,
Macht mich glücklich, ich liebe es sehr.

Fragen

Gelber Wüste heißer Hauch
  Loht in meinem Blut.
Und ich frage, brennst du auch
  In dieser wilden Glut?

Dunkler Wasser starker Strom
  Zieht mich hin zu dir.
Dringt ihr brausend tiefer Ton
  Auch von dir zu mir?

Grüner Wälder Einsamkeit
  Singt von dir ein Lied.
In dunklen Tiefen schreitet die Zeit,
  Die stumm vorüber zieht.

Kälte

So bist du, Liebster, so schön, so fern.
Scheinst unerreichbar, ein ferner Stern.
So kühl deine Augen, deine Stimme so fremd
Nur ich weiß, wie es darinnen brennt.

Wie kann ich meine Sehnsucht verhalten,
Wenn blaueste Augen zu Gletschern erkalten!
Ich denk an dein Lächeln, an deinen Kuß,
Und weine, weil ich es verbergen muß!

Ich sah dich geh'n, du warst nicht allein,
Mein Herz sollte kälter und stolzer sein.
So geh denn, und nimm meine Liebe mit.
Ahnst du, wie sehr meine Seele litt?

Vorbei

Einst gab es ein blaues Feuer,
Mir so lieb und ach, so teuer.
Erloschen ist der Flamme Schein,
Kälte schleicht ins Herz hinein.

Gab es einst ein Augenpaar
D'rin Liebe lachte rein und klar?
Brannte einst die Flamme heiß
In Augen, jetzt so kalt wie Eis?

Dahin ist meine Zuversicht,
Seit nicht mehr leuchtet dieses Licht.
Ich kann und will es noch nicht fassen,
Mit leerem Herzen dich verlassen.

Durchwachte Nächte

So einsam und so endlos lang
Sind die durchwachten Nächte.
Das Bett wird mir zur Folterbank,
Aufstehen dunkle Mächte.

Die Finsternis greift jeden Ton,
Und gibt ihn doppelt wieder.
Abendfrieden, welch ein Hohn,
Wie Grauen sinkt's hernieder.

Ich bete, falte fest die Hände,
Doch jeder Nerv erbebt.
Ach, daß Gott mir Ruhe sende,
Die ich hab' erfleht.

Müde sinkt das Haupt hernieder,
Müde Hand löscht aus das Licht.
Schwerer werden mir die Glieder,
Aber schlafen kann ich nicht.

Allzu tätig die Gedanken,
Allzu stark der Sehnsucht Macht.
Um ein geliebtes Bildnis ranken
Wünsche sich mit aller Kraft.

Langsam graut nun der Morgen,
Sehnsuchtsvoll begrüß' ich dich,
Denn es weichen auch die Sorgen
Mit des neuen Tages Licht.

Durchwachte Nächte, Zweite Fassung

Ich bin zu wach und zu real,
Um heute im Wachen zu träumen,
Und bewege mich dieses Mal
In ganz konkreten Räumen

Die Gedanken fahren herum
In den Ecken und schleppen die Sorgen
An's Bett, da stehen sie dann stumm
Und quälen mich bis zum Morgen.

Zum Teufel, was soll das heute Nacht,
Ich will doch endlich schlafen.
Es wäre wirklich doch gelacht,
Bei tausend gezählten Schafen.

Die ganze Herde zog vorbei
Mit Stickel – Stöckelbeinen.
Ein schwarzer Bock war auch dabei,
So mager, schier zum Weinen.

Der Schäfer guckte dumm und stumm,
Und haute den Schäferhund.
Der rannte um die Herde herum,
Immerzu in die Rund'.

Als das Viehzeug war vorbei,
Da war ich immer noch wach!
Jetzt ist mir alles einerlei,
Schluß mit dem Weh und Ach!

Ich nehme Feder und Papier
Und mache ein Nachtgedicht.
Dasselbe sende ich dann dir,
Ob's dir gefällt oder nicht.

Resignation

Nach deiner letzten Zigarette
Steigst müde du ins Ehebette.
An deiner Seite ruht versonnen,
Die, welche du zur Frau genommen.

Du gibst ihr einen lieben Kuß
Als Ehemann, weil man das muß,
Indes dein Herzensfeuer brennt,
Das deine Frau bestimmt nicht kennt.

Sie atmet sanft, auch du schläfst bald,
Der Glocke letzter Ton verhallt.
Und meine Liebe steht ganz stumm
An deiner Lagerstatt herum.

Was will sie dort, du bist ja nicht allein,
Nur Gedanken können bei dir sein.
Im Traum küßt mich dein lieber Mund,
Davon kommt man doch auf den Hund.

Was soll denn das – im Traum nur küssen –
Woher solltest du denn wissen
Wann ich schlafe und wann nicht!
Na schön – küss' ich heut eben nicht.

Mein Schatten

Du gehst mit mir auf Schritt und Tritt
Wie mein eigener Schatten des Weges mit.
Du bist so fern – und doch zum Greifen nah,
Wie im Sommer, als ich dich täglich sah.

Ich hör' deine Stimme, ich seh dein Gesicht,
Daß du nicht bei mir bist, begreife ich nicht.
Es ist doch, als sei'st du ein Stück von mir,
Oh, liebtest du mich, ich sagte es dir.

Meine Liebe ist wunschlos, mein Begehren so klein,
Ich möchte nichts, als nur bei dir sein.
Nur sehen dein geliebtes Gesicht,
Deine Stimme hören, mehr will ich nicht.

Nur zwei Sekunden

Es waren nur zwei Sekunden,
Da wurde es Nacht um mich.
Da bluteten alle Wunden,
Da sah ich nur noch dich.

Es waren nur zwei Sekunden,
Da stand die Welt in Flammen,
Und dann warst du verschwunden,
Da brach die Welt zusammen.

Es waren nur zwei Sekunden,
Doch bargen sie in sich
Die tausend süßen Stunden,
Und was ich litt um dich!

Vergessen

Vergessen ist ein breiter Strom,
Ich kann in ihn nicht sinken.
Die Tiefe ist mir bitt'rer Hohn,
Nie kann ich davon trinken.

Vergessen ist ein stiller Hain
Mit einem gold'nen Tor,
Doch niemals kann ich dort hinein,
Denn du stehst ja davor.

Vergebens hallet mein Gebet,
In ewig stille Fernen.
Vergessen nur hab ich erfleht
Von allen tausend Sternen.

Vergessen gibt es auf der Welt
Für Viele, nicht für mich,
Denn was das Leben mir erhellt
Behältst ja du für dich.

Vermächtnis

Es weht so fremd, es weht so kühl
Aus deinen kurzen Briefen,
Und nicht, als ob ein tief Gefühl,
Lieb und Treu mich riefen.

Ach, du bist so sternenfern,
So himmelweit von mir.
Und ich käme doch so gern,
Nur einmal noch zu dir.

Auf sonnengold'ner, heit'rer Bahn
Gingen wir zusammen.
Die Welt und alle Himmel sah'n
Wir in hellen Flammen.

Aus dem wolkenlosen Glück
Nur eines mir verblieb,
Das mildert freundlich mein Geschick,
Dein Vermächtnis, die Musik.

Leuchtende Silberschwingen
Tragen mich durch die Nacht.
Wenn selige Geigen singen
Sind tausend Flammen entfacht.

Lächelnd tauchet die Seele
In's goldene Meer der Musik.
Ohne Schuld und Fehle
Erwachet neu die Lieb.

In der Fabrik

Maschinen haben Herz und Seel,
Nur keinen menschlichen Mund.
Meine Maschinen sind ohne Fehl,
Ich lieb sie zu jeglicher Stund.

Seit mein Liebster mich verließ
Klag' ich den Maschinen mein Leid.
Seit mein Liebster mich verstieß,
Liegen Freude und Glück so weit.

Meine Maschinen verstehen,
Was weinend ich ihnen sag,
Ihr grollendes Stampfen und Drehen
Stimmt ein in meine Klag'!

So singt nur die Maschine
Mir ein verliebtes Lied.
Dem Wesen, dem ich diene
Nie Herz, nur Kolben glüht.

Heute

Heut haben die Maschinen
Einen neuen Klang.
Heut ist's, als ginge die Erde
Einen neuen Gang.

Es hämmert, stampft und dröhnt
In zwanzig Riesenhallen.
Aus grünen Säurebädern
Giftige Dämpfe wallen.

Ich bin nur ein kleines Rädchen
Im großen Getriebe der Welt,
Die Schaffensgeist und Arbeit
Zum Ganzen zusammenhält.

Wir sind eine große Gemeinschaft,
Und kennen einander kaum.
Daß alle einander einst lieben –
Ist's nur ein schöner Traum?

Trauer

Seit du fort bist
Gibt es nur Trauern,
Und schwarze Mauern,
Und Augen voll Qual,
Wie blinde Spiegel
Im Riesensaal

Mondnacht

So blaß ist der Mond, so kühl ist die Nacht,
Ich gehe still durch den Garten.
Ich habe Frieden mit mir gemacht
Will nun nicht länger warten.

Die Rosen duften, es weht der Wind,
Es rauscht so sanft in den Bäumen.
Ach, wüßte ich, wo die Stunden sind,
Mit ihren seligen Träumen.

Ich strecke flehend die Hände aus
Und flüst're in's Sternengefunkel:
Ach, Liebster, hol' mich zu dir nach Haus,
Doch still bleibt das nächtliche Dunkel.

Ein Vöglein zwitschert leis im Traum,
Ich weiß nicht, wo du bist.
Ich denke an den Blütenbaum,
Wo du mich einst geküßt.

Sieben Jahr

Sieben Jahr warst du bei mir,
Dann hast du mich verlassen
Das Leben ward zur Hölle mir,
Ich konnte nur noch hassen.
Mit Tränen hab' ich jedes Jahr,
Einzeln dann begraben.
Mein Herz ein stiller Friedhof war,
D'rin sieben Gräber lagen.

Wie hab ich nur leben können
Ohne dich?
Wie hab ich nur lachen können
Ohne dich?
Wie hab ich nur
Die Jahre ertragen
Ohne dich?

Ich hab nicht gelebt,
Ich hab nicht gelacht,
Nur so getan
und gewartet

Irgendwann im Lauf der Zeit
Lernt ich wieder lachen.
Da konnte mir die Einsamkeit
Keine Furcht mehr machen.

Sieben Jahr sind schnell herum.
Da stand'st du vor der Tür.
Ich sah dich an, mein Herz blieb stumm.
Jetzt sind die Gräber leer.

Ein Märchen

Ich weiß ein hohes, silbernes Tor,
Aus dem schlagen blaue Flammen hervor.
Ich weiß einen Garten, golden hell,
Da sprudelt ein kristall'ner Quell.

Leise singen lockende Geigen,
Es tanzen Elfen den Mondscheinreigen.
Da blühen Rosen weiß und rot.
Sie wissen nichts von Leid und Tod.

Es braust ein Meer, so tief und weit,
Das Meer der großen Einsamkeit.
Keine Brücke führt hinüber,
Die seligen Geigen, nie hör' ich sie wieder.

Ich kann nur noch herüber seh'n.
Sehnsüchtig bleibt die Seele stehn.
Es gurgeln und murmeln die Wasser von Leid,
Und strömen rauschend zur Ewigkeit.

Erstaunen

Sonst konnt' ich stets in Reime fassen,
War es Lieben oder Hassen.
Gefühl in hübsche Verse gießen,
Hinterher mein Werk genießen.

War der Jammer fast vorbei,
Beim Verselesen wurd' er neu.
Fast vergeß'ne Liebesschmerzen
Wuchsen munter auf im Herzen.

Doch was mich jetzt quält und drückt,
Und mich dennoch so beglückt,
Mein ganzes Leid und mein Entzücken
Ist nicht in Versen auszudrücken.

Dies find ich sehr verwunderlich,
Es stimmt mich auch nachdenklich.
Was könnte mir geschehen sein?
Vielleicht was Ernstes? – Bitte, nein!

Gespräch am Ostersonntag

»Ich finde dich wirklich nicht nett«, der Sonnen-Engel funkelte den Schnee-Engel böse an.

»Ich bin jetzt auch mal dran!«

»Wie stellst du dir das vor? Den ganzen Winter habe ich nichts tun können, die Menschen haben nach Schnee gejammert, daß es mir das Herz zerrissen hat. Da war nichts zu machen. Befehl von oben, in den unmöglichsten Gegenden, wo ich noch nie gewesen bin, mußte ich arbeiten. Auch da haben mir die Menschen leid getan, sie konnten sich ja nicht so schnell darauf einstellen. Und nun, wo ich frei entscheiden kann, soll es keinen Schnee geben?«

»Was nützt es denn den Menschen, wenn es ununterbrochen schneit? Sie können ja nicht einmal spazierengehen, weil sie sich im Schneesturm verlaufen würden. Sie können nicht Skifahren, nicht Rodeln. Siehst du denn nicht, wie traurig sie am Fenster stehen und sich nach mir sehnen?«

»Das ist mir egal«, sagte trotzig der Schnee-Engel, »sie haben Schnee gewollt, und nun bekommen sie ihn!«

Der Sonnen-Engel ging zu Petrus, um sich zu beschweren.

»Kannst du nicht etwas tun, Petrus? Hat der HERR dies befohlen? Im Winter war der Regen-Engel tätig, jetzt, im Frühling, der Schnee-Engel. Bitte, wann darf ich den Menschen Freude machen?«

Petrus nahm die Brille ab und putzte umständlich daran herum. Der Sonnen-Engel tat ihm sehr leid, er hatte keine gute Nachricht für ihn.

»Der HERR hat den Menschen Vollmacht über die Erde gegeben. Von ihren Gedanken und Taten hängt das Schicksal der Erde ab. Die Hülle, welche die Erde schützt, setzt sich aus Gedanken und Gefühlen der Menschen zusammen. Wenn es darin brodelt von Haß und Unvernunft, so brodelt es auch in der Atmosphäre. Wenn Gebete, gute Gedanken und Liebe weniger sind als Flüche, Haß und Krieg, dann gibt es Naturkatastrophen und Klimaveränderungen.«

»Und warum läßt der HERR das zu? Ist er nicht allmächtig? Hat er nicht im ersten Buch Mose versprochen: »Solange die Erde steht, soll nicht aufhören Saat und Ernte, Frost und Hitze, Sommer und Winter, Tag und Nacht?«

»Du hast es gesagt: Solange die Erde steht...«

Vor Schreck klappten dem Sonnen-Engel die goldenen Flügel herunter.

»Willst du damit sagen -- meinst du etwa --« er stotterte vor Aufregung, »nein, oh nein, meine schöne Erde! Die goldenen Sonnenbahnen auf dem Meer, die rosigen Schneegipfel der Berge, die blühenden Wiesen im Sonnenschein, nein, nein, das darf nicht sein!«

Weinend schlug der Engel seine Hände vor das Gesicht und sank in die Knie.

»Weine nicht«, sagte Petrus tröstend, »noch ist es nicht soweit, und wenn sich das Bewußtsein der Menschen ändert, wird es auch nicht zum Schlimmsten kommen. Veränderungen werden kommen, das ist gewiß. So, wie die Erde jetzt ist, wird sie nicht bleiben. Alles ist im Umbruch. Darum darf es auch der Schnee-Engel zur Unzeit schneien lassen.«

»Und wenn die Menschen sich nicht ändern, was dann?«

»Die alte Erde wird verschwinden, die Menschen, die dann zu dem Zeitpunkt auf ihr leben, werden ihren groben Körper ablegen, der HERR wird eine neue Erde schaffen, schön wie der Garten Eden gewesen ist. Dort werden die Menschen in feineren Körpern leben. Die, die noch Böses dachten und taten, ohne bereut zu haben, werden solange leiden, bis die Engel auch sie zu Jesus Christus geführt haben. An seiner Hand werden auch die letzten in das neue Paradies kommen!«

Der Sonnen-Engel war ein wenig getröstet. Er sah hinunter auf die geliebte Erde. Er erblickte den Schnee-Engel, der inzwischen den Sturm-Engel getroffen hatte. Hand in Hand tanzten die beiden durch die wirbelnden Flocken, mit den heulenden Sturmböen über die Berge.

»Morgen«, dachte der Sonnen-Engel, »morgen bin ich dran, und wenn ich selbst zum HERRN gehe und ihn bitte!«

Eine Stimme kam von oben: »Ich habe dich gehört, kleiner Engel. Morgen wird die Sonne scheinen!«

Strahlend blau spannte sich der Himmel über die weißen Berge. Jubelnd eilten die Skifahrer hinaus in den Schnee. Der Sonnen-Engel umschmeichelte jeden einzelnen, alle waren fröhlich, doch keiner sprach ein Dankgebet.

»Ihr habt es nicht besser verdient«, dachte er. – Am nächsten Tag schneite es wieder.

Nächtliche Reisen

Jeden Abend, wenn der Schlaf-Engel dich in seine Arme genommen hat, steht der Reise-Engel bereit. Er hebt deinen Ätherleib aus dem Körper und fliegt mit ihm in das Reich der Seelen, während der Schlaf-Engel deinen Körper bewacht. Was immer an dem Tag geschehen ist, was du getan oder unterlassen hast, hier wird dir gezeigt, welche Folgen deine Taten haben, was aus göttlicher Sicht gut war und was du hättest besser machen können. Wenn du Unrecht getan hast oder böse Gedanken hattest, dann bringt dich der Engel zum Tempel der Einsicht und der Buße. Wie in einem Film wird dir dein falsches Handeln, jede Unterlassungssünde, jeder schlechte Gedanke mit all seinen Folgen vor Augen geführt. Der Tempel ist sehr groß, unendlich viele Seelen versammeln sich hier jede Nacht. Ein jeder sieht seine eigenen Fehler, niemand kann die von einem andern sehen. Lautes Klagen erfüllt die hohen Räume. Jeder betet darum, sich am nächsten Tag daran zu erinnern, was ihm hier gezeigt wurde. Aber den wenigsten gelingt es. Wenn sie am nächsten Tag wieder in ihrem Körper sind, sprechen sie von schlechten Träumen. Geldgier, Machthunger und Wollust haben von ihnen Besitz ergriffen. Die göttliche Seele trauert in diesem Gefängnis, das doch eigentlich der Tempel des Herrn sein sollte. Sie wehrt sich gegen ihn und macht ihn krank, um befreit zu werden. Der Mensch jammert und stöhnt über seine Leiden und glaubt doch niemals, daß er sie selbst verursacht hat. Christus sprach zu dem Geheilten: »Gehe hin, und sündige hinfort nicht mehr.«

Wenn man dir Leid zugefügt hat, bringt dich der Engel in den Tempel des Trostes. Dieser ist wunderschön, Blumen in den herrlichsten Farben erfreuen dein trauriges Herz, liebevolle Engel streicheln dein Haar und deine Hände. Ein Chor singt himmlische Weisen zum Lobe Gottes, es wird dir erklärt, warum es besser ist, Unrecht zu leiden als zu tun. Ja, wenn dein Leid gar zu groß ist, nähert sich der Heiland selbst und spricht liebevolle Worte zu dir. Dein Herz wird erfüllt mit Zuversicht.

Hast du einen lieben Menschen verloren, so bringt dich der Engel in das Haus, in dem dieser jetzt wohnt. Du kannst die ganze Nacht mit ihm zusammen sein und ihn in den Armen halten. Am andern Morgen sagst du dann, ein Traum habe dich getröstet.

Wenn du lange Zeit mit einem Problem beschäftigt bist, das du nicht lösen konntest, so bringt dich gerade dann, wenn du glaubst, es geht nicht mehr weiter, der Engel zum Tempel der Erkenntnis. Man zeigt dir die Lösung deines Problems, allerdings auch alle die sich daraus ergebenden Folgen. Ob Atomspaltung oder die Erfindung eines neuen Medikamentes, jede Seele weiß um die Folgen, seien sie gut oder böse. Nur das Tages- und Ichbewußtsein des Menschen gibt dem Ruhm und dem äußeren Erfolg den Vorrang.

Hast du an dem vorangehenden Tag eine gute Tat vollbracht, deinem Nächsten selbstlos geholfen, so kommst du in den schönsten Tempel, den Tempel des Dankes. Wenn dir die Menschen den Dank verweigert oder dir sogar mit Undank weh getan haben, so bekommst du hier den schönsten Lohn für deine Nächstenliebe. Dir zu Ehren erklingen die wunderbarsten Hymnen, köstliche Kleider umhüllen dich und alle Engel dienen dir.

Kurz bevor die Nacht um ist und du wieder in deinen Körper zurück mußt, bringt dich dein Engel zu dem Haus, in dem du wohnen wirst, wenn die Silberschnur, die dich mit deinem Körper verbindet, gerissen ist und du das erleidest, was die Menschen den Tod nennen. In dieses Haus nimmst du alles mit, was dir in jeder Nacht gegeben wird. Christus spricht: »In meines Vaters Hause sind viele Wohnungen und ich gehe hin, euch die Stätte zu bereiten.« Christus bereitet dir die Stätte, doch ausschmücken tust du sie selber. Hast du dein Leben lang Böses getan und selbstsüchtig gehandelt, wird dein Haus dunkel sein und alles, was darin ist, wird dich quälen. Denn Christus spricht: »Es kommt aber keiner davon, ehe der letzte Heller bezahlt ist.« Ohne das Leiden und Sterben Christi würdest du für alle Ewigkeit in dieser Dunkelheit bleiben. Hast du aber gebüßt und von Herzen bereut, wird dir Christus die Hände reichen und dich erlösen, nach seinem Wort: »Ich bin der Weg, die Wahrheit, und das Leben!« Dann wirst du mit ihm im Paradiese sein.

Wohl dem, der den Weg Jesu jeden Tag seines Lebens zu gehen versucht. Wie oft er auch strauchelt, Gottes Engel sind immer bei ihm und jedes Gebet um Vergebung wird erhört werden.

Da war ein junger Pilot, der fast täglich seine Maschine über ein dichtbesiedeltes Gebiet flog. Eines Tages fing eines der Antriebsaggregate Feuer. Der Pilot hätte sich mit dem Schleudersitz retten können. Aber er hielt die Maschine so lange wie möglich in der Luft, damit sie nicht auf die Stadt stürzte. Das gelang ihm auch, aber für ihn war es zu spät.

Der Todesengel stand neben dem zerschmetterten Körper, als sich der Ätherleib daraus erhob. Der Pilot sah den Engel, streckte ihm beide Hände entgegen und sprach die Worte, die er schon tausendmal gesprochen hatte, wenn es aufwärts ging: »Ready for take-off!«

Da lachte der Engel, nahm ihn in die Arme und brachte ihn zu dem Haus, das auf ihn wartete. Es war das hellste und schönste weit und breit, denn jedes Dankgebet aus der verschonten Stadt war ein Licht darin. Auf der Schwelle stand Jesus Christus selbst und führte ihn hinein, denn der Pilot hatte wie Jesus, sein Erdenleben für seine Nächsten dahingegeben.

Die zehn Gebote

Irgendwo habe ich einmal den Satz gelesen, wenn sich jeder Mensch an die zehn Gebote halten würde, brauchte man kein bürgerliches Gesetzbuch. Das aber wäre der paradiesische Zustand, den uns Adam und Eva mit ihrem Obsttag vermiest haben. Vorher war nur ein einziges Gebot notwendig, nicht vom Baum der Erkenntnis zu essen. Als Gott das Weib erschuf, hätte ER es besser wissen müssen, denn mit dem Weibe hat ER zugleich die Neugier erschaffen.

Adam trödelte vergnügt und zufrieden durch den himmlischen Garten nach dem Motto, was ich nicht weiß, macht mich nicht heiß. Vielleicht ist es dem Herrn in all Seiner friedlichen Machtfülle auch etwas langweilig geworden, obwohl sicher im Universum noch genug zu tun gewesen wäre. Aber nein, ER mußte sich eine Laus namens Eva in den Pelz setzen. Da ER allwissend ist, muß ER gewußt haben, was ER sich damit einhandelte.

Nachdem das unbotmäßige Paar aus dem Paradiese mittels einer sofort vollstreckbaren Räumungsklage auf die Erde verwiesen war, dauerte es gar nicht lange, und das Elend ging gleich mit einem Brudermord richtig los. Auch die Sintflut änderte nur kurzfristig das Verhalten der Menschen. Je mehr es gab, umso schlimmer wurde es. Schließlich gab es ja keine verbindlichen Gesetze, außer denen, die sich die Menschen selber gemacht hatten. Alles, was von oben kam, war wage, bestand aus Anweisungen an Einzelne. Man legte es aus, wie es gerade paßte. Als Moses das Volk Israel aus Ägypten führte, ging es dabei oft genug drunter und drüber. Da sah Gott, daß neue Gesetze nötig waren, an denen absolut nicht zu drehen und zu deuten war. Auch der findigste Anwalt konnte darin keine Lücke entdecken. Es waren die zehn Gebote.

Warum aber, so frage ich mich, gab Gott solche Gebote? ER mußte doch seine Pappenheimer kennen, daß sie sie nicht halten konnten. Von Moses bis heute kenne ich nur einen Menschen, der sie hundertprozentig befolgte: Jesus.

Als Sonderbeauftragter in Sachen sündige Menschheit hat er es vorgemacht. Jetzt sollen wir ihm nachfolgen. Werfen wir doch mal ein kritisches Auge auf unser tägliches Verhalten und unsere Reaktionen auf solch ein Ansinnen.

Das erste Gebot

Ich bin der Herr, dein Gott,
du sollst nicht andere Götter haben neben mir.

»Nie habe ich«, wird jeder entrüstet sagen, »heidnische Götzen angebetet, was willst du also? Bin ich vielleicht um ein Kalb getanzt?«

Natürlich nicht. Die Götzen der modernen Zeit sind nicht die der Israeliten. Sie heißen heute bei jedem anders. Bei dem einen Alkohol, beim andern Fußball, bei dem nächsten ist es das Bankkonto oder der Partner. Das Auto, die Arbeit, der Fernseher, alles kann zum goldenen Kalb werden, um das bis zur Erschöpfung herumgetanzt wird.

Also, Leute, bohrt mal schön in den Tiefen eurer Seele, wie euer Kalb heißt.

Das zweite Gebot

Du sollst den Namen des Herrn,
deines Gottes, nicht unnützlich führen,
denn der Herr wird den nicht ungestraft lassen,
der seinen Namen mißbraucht.

Schon mal gezählt, wie oft am Tag »ach, du lieber Gott« oder »oh Gott« gesagt wird? Danach kann es uns eigentlich gar nicht dreckig genug gehen, denn es ist das einzige Gebot, in welchem ausdrücklich Strafe bei der Übertretung angedroht wird. Hat ER das mit Absicht gemacht? Es wird ja kein einziges der Gebote so oft übertreten wie dieses. Fernsehkrimis und Unterhaltungssendungen schießen da den Vogel ab. Das geht von »Himmelherrgottnochmal« bis »Gottverdammte Sch...«. Ich hoffe nur, daß Gott noch soviel zu tun hat, daß er nicht fernsieht.

Wenn ein Kind hundertmal am Tag »Mama« schreit und dann nichts von ihr will, wenn sie angesaust kommt, kommt sie auch nicht, wenn es mal ernst wird. Ob vielleicht der liebe Gott deswegen scheinbar nicht zuhört, wenn wir wirklich um etwas bitten?

Das dritte Gebot

Du sollst den Feiertag heiligen.

Klar, heiligen wir den Feiertag. Die, die in die Kirche gehen, sowieso, auch wenn sie nur die neue Garderobe vorführen wollen. Die andern stehen im Stau auf der Autobahn, natürlich friedlich und ohne zu fluchen. Andere hocken zur Sportschau vor der Glotze und schimpfen, wenn ihr Verein verliert. Ein Teil bevölkert die Kneipen, denn zu Hause ist ja sowieso nichts los. Aber arbeiten – nein, das tut möglichst keiner. Und das ist ja wohl damit gemeint, oder?

Das vierte Gebot

Du sollst deinen Vater und deine Mutter ehren,
auf daß dir's wohl ergehe
und du lange lebest auf Erden.

»Was, du hast schon wieder eine fünf in Mathe?« Die Stimme der Mutter überschlägt sich vor Empörung. »Das gibt für den Rest der Woche Fernsehverbot und Stubenarrest. Warte nur, bis Vater nach Haus kommt, dann kannst du was erleben. Ab, in dein Zimmer!«

Der Junge hat gerade im Konfirmandenunterricht die zehn Gebote gelernt. Kein Mensch erwartet jedoch auf Grund dieser Tatsache, daß er sich nun demütig zurückzieht und den Eltern recht gibt.

Schade, daß wir so gar nichts über die Kinderjahre von Jesus wissen. Ob er gelegentlich den Hintern versohlt bekam? Von Josef natürlich, Maria hätte sich da nie getraut. Und wenn der Bengel dann auch gemotzt hat, muß er für diesen Knaben, der da in seinem Schmollwinkel hockt und mit allem, insbesondere aber mit der Wahl seiner Eltern hadert, Verständnis haben.

Wenn man aber selbst alt geworden ist, die Eltern leben noch, womöglich unter einem Dach mit uns, beten alle am besten: »Herr, schenke mir Geduld, aber schnell!«

Das fünfte Gebot

Du sollst nicht töten.

»Tue ich auch nicht«, sagte der Zivildienstleistende, »darum bin ich hier im Pflegeheim.« Sprach's und schlug eine Mücke platt. Hochgezogene Brauen beim Nebenmann.

Beleidigter Blick: »Das ist doch wohl was anderes!«

»Klar, ein Mensch schlägt zurück, das kann die Mücke nicht!«

»Ißt du Fleisch?« giftete der Zivi.

»Pech gehabt, ich bin Vegetarier!« Schweigen im Walde. Was nun?

Das sechste Gebot

Du sollst nicht ehebrechen.

Wenn man die Scheidungsraten liest, ist einem klar, daß der Seitensprung längst eine allgemeine Disziplin geworden ist. Wenn man aber in der Bibel liest, wird schon ein begehrlicher Gedanke in die falsche Richtung mit einigen Grillabenden auf dem Höllenrost geahndet (Matthäus 5, 28).

Oh Schreck, wenn ein hübsches Mädchen im Minirock vor einem Mann herwedelt, wird auch der bravste einen begehrlichen Blick werfen, von seinen Gedanken ganz zu schweigen. Die Damen haben es da etwas besser. Weder tragen die Männer gewagte Dekolletés noch wackeln sie aufreizend mit den Hüften.

Liegt es daran, daß mehr Männer als Frauen Ehebruch begehen? Oder daran, daß die Gesellschaft auch heute noch den Seitensprung eines Mannes eher toleriert als den einer Frau? Oder lassen sich die Damen bloß nicht erwischen?

Wenn man sich vorstellt, alle würden dieses Gebot befolgen, worüber könnte die Boulevardpresse noch berichten? Ich fürchte, die meisten würden Pleite machen.

Das siebte Gebot

Du sollst nicht stehlen.

In der Erklärung steht fieserweise, ich soll sogar mehren helfen!

Ha, soweit kommt das noch! Womöglich der Konkurrenz auf die Beine helfen?

Nicht die höchstmögliche Miete herausschlagen? Die Delle im Auto, die ich selbst fabriziert habe, bei dem kleinen Unfall, an dem der andere Schuld hatte, nicht der Versicherung unterschieben? Gar kein bißchen mit den Spesen und dem Kilometergeld schummeln?

Ich bin ja nicht blöd! Oder doch?

Das achte Gebot

**Du sollst nicht falsch Zeugnis reden
wider deinen Nächsten.**

Was heißt hier »falsch Zeugnis«, ich hab es doch gesehen, daß der Nachbar fremd gegangen ist. Das soll ich nicht seiner Frau erzählen? Und diese Schlampe von Tochter, die jeden Abend mit einem andern loszieht, darüber darf ich nicht mit meiner Freundin reden? Von wegen alles zum besten kehren! Da ist nichts zu kehren. Die hat mich ja neulich auch so gemein durch den Kakao gezogen. Aber das war alles gelogen. Nein nein, »falsch Zeugnis« habe ich nie gegeben, das hat immer alles gestimmt. Oder glaubt ihr mir etwa nicht?

Das neunte Gebot

Du sollst nicht begehren deines Nächsten Haus.

Der eine hat eine Villa, womöglich noch mit Swimmingpool, der andere wohnt zur Miete, ein dritter auf der Straße.

Und keiner soll ein Begehren nach einer Villa haben? Sind doch keine Diogenesse, die mit einer Tonne zufrieden sind, ganz abgesehen davon, daß es in unseren Breiten dafür viel zu schlechtes Wetter ist.

Als Gott die Israeliten durch die Wüste führte und dort Moses diese Gebote gab, war das ja einfach. Es hatte ja niemand Immobilien. Aber die Kaanaiter, in deren Land sie geführt wurden, die haben sie aus ihren Zelten und Häusern vertrieben und in Besitz genommen.

Sie hatten eine Spezialerlaubnis vom Herrn.

Was haben wir? Ein knallhartes Gebot!!

Das zehnte Gebot

Du sollst nicht begehren deines Nächsten Weib,
Knecht, Magd, Vieh oder alles, was sein ist.

Dieses Gebot bezieht sich auf alles lebendige und bewegliche Gut. Heute hieße es anstatt Weib Lebenspartner, anstatt Knecht Chauffeur, Magd gleich Putzfrau und statt Vieh Mercedes oder Luxusyacht.

Wenn ich im Regen mit dem Fahrrad durch die Gegend strampele und da rauscht so eine Karosse an mir vorbei, da soll ich nicht begehren, nicht neidisch werden?

Und der arme Trabifahrer? Der in seiner Tupperschüssel mühselig einen Hügel erschnauft, darf der nicht begehrlich hinter dem flotten Wessi herschielen?

Sag' ich doch – wir schaffen es nicht.

Begegnung

Wotans Reich ist zu Ende gewesen, die Götterdämmerung war hereingebrochen. Wotan war zur Hel gefahren, der finsteren Göttin der Unterwelt. Einsam verbrachte Allvater seine Tage. Er, der Herr Mitgards, der Erde, die seine und der Asen Hände geschaffen hatten. Nur Freia, seine Gemahlin und Donar, sein treuester Freund waren ihm geblieben. Die Menschen hatten die Götter vergessen, zu denen sie einst unter Rauchopfern gebetet hatten.

Wieder war ein Jahrtausend vergangen. Da erhob sich Wotan von seinem Lager.

»Komm mit mir zu den Menschen«, sprach er zu Donar. Aber der schüttelte sein mächtiges Haupt, daß der rote Bart Funken sprühte. »Laß mich zufrieden mit dem undankbaren Geschlecht«, grollte er.

Da machte sich Wotan allein auf den Weg. Als fremder Wanderer betrat er die Erde. Was er sah, erschütterte den Allweisen sehr. Krieg, den er nicht verstand. Nicht mehr Mann gegen Mann mit funkelnden Rüstungen und blitzenden Schwertern, nein, erdgrau und schmutzig lagen die Männer im Hinterhalt. Lange dunkle Rohre spieen Tod und Verderben. Ekle Gerüche stiegen von den Äckern auf, auf denen das tägliche Brot wuchs. Der Lärm, der ihn Tag und Nacht umbrauste, war ihm unerträglich. Er fand niemanden, der betete oder opferte, alle jagten irgendwelchen, ihm unverständlichen Dingen nach. Wo war der neue Heiland, von dem man ihm vor langer Zeit erzählt hatte? Gab es ihn überhaupt? Groll und Haß auf Christus stiegen in ihm auf. »Einmal ihn sehen«, knirschte er, »damit ich ihn fragen kann, was er unter herrschen versteht. Wie kann er alle diese schrecklichen Dinge geschehen lassen!«

Und weiter zog Wotan, der fremde Wanderer.

Eines Morgens drangen wundersame Klänge an sein Ohr. Er ging ihnen nach und kam in ein großes Haus mit einem hohen Turm. Er trat ein und setzt sich zu den Menschen, die dort versammelt waren und hörte zum ersten Mal »Gelobt sei Jesus Christus, unser Herr.«

Wie wenige sind es, die ihn loben, dachte er. Ich will suchen, ob ich noch mehr finde.

Und weiter zog Wotan, der fremde Wanderer.

Als die Nacht hereinbrach, setzte er sich an den Wegrand, traurig und erschöpft. Er hatte niemanden gefunden, der außerhalb der Kirche den Namen Jesu mit Andacht aussprach.

»Jesus Christus«, seufzte er, »wo bist du?«

Da kam vom Himmel her ein helles Licht zu ihm. Fast blendete ihn der Glanz, der heller war als Godefrids, der Sonne Licht. Ein Mann, gekleidet wie er, als ein Wanderer, stand vor ihm. Lange, braune Locken fielen ihm auf die Schultern und aus den Augen strahlte Wotan soviel Liebe entgegen, daß er erschüttert das Haupt senkte. Er wußte, wer vor ihm stand.

»Ich bin Christus, der Sohn des allmächtigen Gottes«, sprach der Wanderer.

»Und ich Wotan, der Allweise.«

»Du hassest mich!« sagte Christus.

Wotan sah nicht in die allgütigen Augen des Heilandes, als er ihn bitter anklagte: »Warum schützest du die Menschen nicht vor all dem Elend? Was hast du ihnen Gutes gegeben? Ich habe nichts gefunden. Wer fürchtet dich? Ich fand keinen. Wer liebt dich? Auch solche fand ich nicht. Warum gibst du nicht allen Speise und Trank?«

»Ich tat viel mehr«, antwortete Christus, »ich bin für sie gestorben.«

»Gestorben?« wiederholte Wotan erstaunt und zweifelnd.

Und wieder antwortete Christus und sprach: »Wohin fuhren zu Wotans Zeit die Bösen und Sünder?«

»Zur Hel!«

»Und wohin kamen die Guten und Gerechten?«

»Nach Walhall.«

»Liebtest du die Menschen?«

»Ja!« War die schnelle Antwort.

»Und doch ließest du zur Hel sie fahren in ewige Finsternis?«

»Es war der Lohn für ihre Taten!«

»So liebte Wotan die Menschen. Mein Vater aber liebte sie anders. Es jammerte ihn, zu sehen, wenn die Sünder dem ewigen Tod verfielen. Er wollte Gnade walten lassen. Aber er brauchte auch Gerechtigkeit. So schickte er mich, seinen Sohn, als Mensch zur Erde. Ihm gehorsam, nahm ich die Sünden aller auf mich. Ich büßte am Kreuz für die Menschen und starb für sie. Am dritten Tag nach meinen Kreuzestod ließ der Vater mich auferstehen von den Toten. Die Sünden der Menschen aber sind getilgt. Jeder, der an mich glaubt, wird das ewige Leben haben. Es sind mehr, als du denkst. Sie tragen mein Kreuz in der Stille und es werden immer mehr werden. Nach dem Plan meines Vaters werden dereinst alle im ewigen Licht leben!«

Christus hatte geendet. In Wotan war es still geworden. Er erhob sich und stand in seiner mächtigen Göttergestalt vor Christus. »Ich glaube, daß du bist Christus, der Herr«, seine Stimme dröhnte wie Orgelklang, »sage deinem Vater, Gott meines Himmels und meiner Erde, Wotan könne nicht mehr hassen den Sohn des lebendigen Gottes. Aber Wotan wird nicht in das ewige Licht eingehen. Sein Reich ist bei Hel, bei Freia und Donar. Aber ich liebe dich!«

Als Wotan diese Worte ausgesprochen hatte, wurde ein starker Glanz um ihn, und in diesem Glanze rauschte er auf Adlers Schwingen zur Hel.

Das ewige Licht aber begleitete ihn und Gottes Geist war in ihm lebendig geworden.

Fast dreitausend Jahre waren seit der Geburt Christi vergangen. Wotan hatte oft an die Worte des Heilands gedacht, daß einst alle Menschen im Licht leben würden. Es drängte ihn, zu erfahren, was inzwischen geschehen war. Er hatte zu Freia und Donar von jener fernen Hoffnung gesprochen. Nun begleiteten ihn beide, als er sich wiederum aufmachte, die Erde zu besuchen.

Sie überquerten den Styx und gingen durch die Nebelwand, welche die Unterwelt von der Erde trennte. Aber diesmal schimmerte ihnen kein Sonnenlicht entgegen, es war dunkel und trübe. Voller Entsetzen sahen sie sich um. Tot und geschändet lag das Land zu ihren Füßen. Kein Grashalm grünte mehr, die Bäume ragten als verbrannte Skelette in einen grauen Himmel. Kein Vogel sang, alles Getier lag verendet im Staub, hier und da sah man menschliche Knochen bleichen. Es war totenstill.

Sie wanderten durch das Grauen bis sie ans Meer kamen. Da waren keine Wellen mehr, nicht mehr Ebbe und Flut. Ekler Geruch stieg auf aus den toten Wassern.

»Ebbe und Flut war der Atem der Erde«, sagte Wotan, er zitterte vor Zorn. »Sie atmet nicht mehr, alles ist tot. Warum hat dieser sogenannte Heiland eine solche Katastrophe zugelassen? Oh, ich muß ihn finden, er muß sich rechtfertigen vor mir! Meine schöne Erde!«

»Ich werde ihn mit Blitz und Donner erschlagen«, knirschte Donar und wirbelte mit seinem Hammer durch die Luft. Wotan kniete nieder und legte weinend beide Hände auf die gequälte Erde, als könne er sie heilen.

Plötzlich wurde es heller um sie. Erstaunt sahen sie in die Richtung, aus der das Licht kam. Eine Gestalt kam auf sie zu und blieb bei ihnen stehen.

»Ist das Christus?« wandte sich Donar flüsternd an Wotan.

»Ich bin es nicht«, antwortete die Gestalt, »ich bin der Erzengel Michael. Ich werde euch dahin bringen, wo ihr Antwort auf eure Fragen bekommt. Bitte, kommt mit mir.«

»Nur zu gerne«, knurrte Donar.

Der Lichtstrahl, in welchem der Erzengel gekommen war, nahm sie auf und rasch ging es aufwärts. Es schien ihnen nur eine kurze Reise gewesen zu sein, doch als sie ankamen, glaubten sie sich endlos weit fort von der Erde.

Sie standen in einer Landschaft, wie sie sie noch nie gesehen hatten.

Das Licht war viel heller, als es je auf der Erde gewesen war, aber es blendete nicht. Unendlich viele Blumen blühten in Farben, die es auf der Erde nicht gegeben hatte. Die Bäume trugen die köstlichsten Früchte, Tiere lagerten im Moos, der Löwe neben dem Schaf, ein Hase bei einem Wolf. Überall waren Menschen. Sie trugen lichte Kleider, lachten und sangen. Einige tanzten zu einer himmlischen Weise. Am Horizont erblickten sie eine Stadt, deren Mauern waren aus Edelsteinen und reinem Golde. Zwölf Tore, jedes aus einer Perle, waren in die goldenen Mauern eingelassen. Fassungslos schauten die Asen auf diese nie gekannte Herrlichkeit.

»Wo sind wir?« stammelte Wotan.

Michael antwortete: »Auf der Erde gab es ein Buch, es hieß die Bibel. Darin wird von diesem Ort berichtet. Es erzählt auch vom Leben Jesu auf Erden und beschreibt genau, was die Zukunft bringen würde. Einem Jünger Jesu namens Johannes offenbarte Gott alles, was geschehen werde. Aber mehr kann ich euch jetzt nicht erklären. Ich bringe euch an einen Ort, wo Gott selbst auf eure Fragen antworten wird!«

Der Erzengel führte sie auf einen Berg in eine helle Grotte in der drei Bänke standen.

»Setzt euch, hier werdet ihr Antwort erhalten«, sagte er und verschwand.

Eine kleine Weile blieb alles still. Dann kam eine Stimme zu ihnen die sprach: »Ich bin der HERR, dein Gott. Ich gab dir, Wotan, einen kleinen Teil meiner Schöpfung für eine Weile. Du und die Asen durftet durch mich die Erde besitzen, als sie aus der geistigen Welt in die Materie eintrat. Denn alles, was ist, war zuvor in meinem Wort. Aber nur mein Wort, der Geist, ist ewig und unwandelbar. Alle Materie muß wieder verwandelt werden. Die Zeit für den Teil meiner Schöpfung, der Erde heißt, ist abgelaufen. Was du gesehen hast, war der Prozeß der Auflösung, dem alles, was nicht Geist ist, unterworfen ist. Je nach ihrer Dichte und Schwere ist die Dauer der Materie verschieden. Was ganz leicht und winzig ist und bewußtes Leben trägt, wandelt sich schneller als etwas Großes und Schweres. Vergleiche eine Eintagsfliege mit einem Elefanten. Oder einen Hund mit einem Menschen. Und nun denk an die Erde. Viele Milliarden Jahre war sie die dichteste Materie in diesem Teil des Universums. Doch nun muß sie wieder vergeistigt werden. Die Menschen konnten während dieser Umwandlung nicht auf ihr leben. Sie hatten selbst dafür gesorgt, daß die Erde unbewohnbar wurde. Einige taten es bewußt aus Machthunger oder Geldgier. Diese leben jetzt an einem

Ort, der dem Zustand der Erde entspricht, sie aber noch leben läßt, obwohl es dort so schrecklich ist, daß sie gerne sterben würden, aber sie können es nicht. Diejenigen, die gleichgültig zugesehen haben, müssen jetzt zusehen, wie die Erde stirbt. Die aber, die den aussichtslosen Kampf, oft ohne Rücksicht auf ihr eigenes Leben, gegen die Zerstörer nicht aufgegeben haben, sind hineingeholt worden in das neue Jerusalem. Das ist die Stadt, die du eben gesehen hast. Christus, mein lieber Sohn, hat für sie die Stätte bereitet. Der Prophet Jesaja hat schon vor vielen Jahrtausenden davon gesprochen: »Denn siehe, ich will einen neuen Himmel und eine neue Erde schaffen, daß man der vorigen nicht mehr gedenken und sie nicht mehr zu Herzen nehmen wird. Freuet euch und seid fröhlich immerdar über das, was ich schaffe. Denn siehe, ich will Jerusalem zur Wonne machen und sein Volk zur Freude und ich will fröhlich sein über Jerusalem und mich freuen über mein Volk. Man soll in ihm nicht mehr hören die Stimme des Weinens, noch die Stimme des Klagens.« (Jes. 65;17-19). Johannes, ein Jünger Jesu, hat dies alles später noch einmal in der Offenbarung den Menschen kundgetan. Doch nun steh auf und sieh hinaus, ich will dir einen Blick in meine ganze Schöpfung geben, damit du nicht mehr trauerst um die Erde. Sie wird herrlicher erstehen, als du es dir erträumen kannst.«

Wotan erhob sich und blickte hinaus. Da war alles verschwunden, was vorher da war, statt dessen sah er eine unendliche Weite. Es gab keinen Horizont mehr, im Unendlichen sah er unzählige Galaxien, riesige Sonnen von herrlichen Planeten umkreist, alles war erfüllt mit Licht und Leben. Er sah neue Welten entstehen und vergehen, Milchstraßensysteme tauchten wie von Zauberhand gemacht auf und zogen wieder fort. Dazwischen bewegten sich helle Gestalten, scheinbar nur aus Licht bestehend, ordnend und sorgend. Nichts war dem Zufall überlassen. Wotan sah nun, daß eine bewußte Intelligenz das All schuf und verwaltete. Doch war diese Erkenntnis für ihn nicht das Wichtigste. Er sah und verstand, daß das Größte von allem nicht die Macht und die Intelligenz war, die den Bestand des Universums sicherte. Die wichtigste Kraft, die alles zusammenhielt und für Ordnung sorgte, war die Liebe, die sich im Christusbewußtsein manifestierte. Er sah, daß es nichts gab, was nicht in diese Liebe eingebettet war, was immer auch auf der Erde geschehen war, auch das Grauen und Schmerz lösten sich auf, sobald sie sich der sie umgebenden Liebe bewußt wurden.

Demütig beugte Wotan die Knie und huldigte dem Heiland.

Donar und Freia sahen ihm entgegen, als er zu ihnen zurückkam. Bei ihnen war Michael, der Erzengel.

»Ich bringe euch jetzt an den Ort, der für euch bereitet ist«, sagte er und sie folgten ihm.

Bald standen sie vor einer schimmernden Halle, deren Tore sich bei ihren Näherkommen öffneten. Sie gaben den Blick frei in einen großen Innenhof. Dort saßen an langen Tischen die Götter, die einst mit Wotan über die Erde herrschten. Ein schöner Jüngling mit goldenem Haar kam ihnen entgegen.

»Baldur, mein Sohn!«

Mit Tränen in den Augen umarmte ihn Wotan.

»Wir sind wieder in Walhall!«

Donar rief es voller Freude und eilte zu den langentbehrten Gefährten.

Freia wandte sich um, um dem Erzengel zu danken, aber er war verschwunden, da folgte sie Donar und Wotan in den Innenhof. Als sich die erste Wiedersehensfeude etwas gelegt hatte, wurde es still. In diese Stille erklang ein Choral. Andächtig lauschten die Götter. Zum Schluß erhoben alle ihre Stimme und stimmten ein:

»Gloria in Excelsis Deo!«

Demut

Wie auch immer
Ihr Nornen,
Mein Schicksal entscheidet,
Ich nehm' es entgegen
Mit dankbarer Hand.
Solange Baldur
Mit goldenen Händen
Ausstreut verschwenderisch
Der Sonne Licht –
Solange Lokis Flamme
Leuchtend flammt
In Asgards Mitte –
Solange Thors Hammer
Blitzend zuckt
Durch dunkles Gewölk
Das grollend hallt
Sein Donner in Mitgard –
Solange mein Auge
Sieht Freias blühende Fluren
Dank ich euch
Ihr Hohen!

Verehrung

Wie Zeus, sonnenumflossen,
Herabgestiegen vom hohen Olymp,
Seh ich dich, Göttergleicher.
Es schenkten die Götter,
Die Unsterblichen,
Dir verschwenderisch
Ihre Gaben.
Sanft in unendlicher Güte
Leuchtet dein Aug'
Edel dein Mut.
Kraftvoll durchschreitest du
Der Erde Grund.
Oh, wende den Blick
Huldvoll hernieder
Zu mir!

Schicksalsdunkel

Es walten die Nornen
Im Schicksalsdunkel
Haltend dein Leben
In knochigen Händen.

Nicht ist dir gegeben
Zu formen und leben
Dein Dasein in Mitgard.

Selbst für die Asen,
Den weisen Wotan,
Bestimmten sie dräuend
Den Untergang.

Nicht göttergleich bist du
So beuge dich schweigend
Ihrem Richterspruch.

Götterdämmerung

Es fürchtet der Asen
Gewaltig Geschlecht
Die Schicksalsrune
Der Nornen.
Fürchterlich geifert
Der Fenriswolf,
Der einst in Fesseln geschlagen
Von Loki, dem listenreichen.
Der Mitgardschlange
Zuckender Leib
Bedroht Walhall.
Und Yggdrasil zittert
Wenn Asgard brennt
Und Götter sterben
Auf blutiger Wal.
Tot sinkt Baldur
Der Sonnengleiche.
Das Ende ist's
Und Nacht umfängt die Erde.

Glaube

Schweigend im All
Kreisen Gedanken und Seelen.
Und die auf Erden
Getrennt durch Gesetze und Menschenwort
Werden sicher sich finden
In seliger Freude
Schwingend sich auf
In die ewige Ruhe des Alls!

Ewigkeit

Wo immer du bist,
Was immer du tust,
Unaufhaltsam
Geht mit dir
Die Ewigkeit.
Goldene Brunnen
Sind offen dir
Liebst du ihr Licht,
Das tausend Sonnen
Verdunkelt.
Im donnerndem Brausen,
Sanftem Rieseln,
Im schrecklichen Dunkel
Und mildem Glanze,
Wie immer
Es Göttern gefällt,
Rauschen die Wasser
Der Ewigkeit.

Nächtliches Grauen

Weiße Leichentücher
Wehen von den Bergen.
Totenstill ist es
Um mich.
Kaltes Grauen weht mich an
Ich will nicht sterben!

Angst

Nacht ist's,
Geheimnisvolle Geisterhände
Greifen durch's Dunkel.

Gespenstisch
Wie Leichentücher
Ziehen die Nebel.

Mein Schatten fällt
Gegen die Nebelwand,
Eiskalt zieht mir's
Durch's Herz.

Als sei ich allein
Auf der Welt
Trennt mich die Angst
Und Not von dir.

Öde Welt

Die Welt ist leer, die Welt ist öd',
Die ganze Menschheit ist zu blöd,
Sie starrt von Waffen, Schmutz und Dreck,
Bei Missetaten guckt man weg.

In Ost und West, in Süd und Nord
Nichts als Terror, Krieg und Mord.
Und keiner da, der Einhalt bietet,
Und uns're kleine Erde hütet.

Niemand fürchtet Gottes Zorn,
Alle blasen in ein Horn.
Vergessen Liebe und Gebet,
Und Christi Kreuz im Wind verweht.

Kanonendonner

Kanonendonner und Spatzenschiß
Eines ist bei beiden gewiß,
Sie kommen mit Regelmäßigkeit,
Mal nah bei uns, mal etwas weit.

Kriegerleichen als Katzenfutter,
Zuhause weint die alte Mutter.
Überall Panzer und Raketen,
Wer wird da noch für Frieden beten?

Wer schützet uns're kleine Erde?
Es ist vorbei mit stirb und werde!
Es wird nur noch ein Sterben sein.
Christus gebietet: Haltet ein!

Einsicht

Erscheint dir manches ganz verdreht,
Weil's nicht nach deinem Willen geht,
So mußt du es nur recht bedenken,
Im Grunde kann nur einer lenken.

Wenn wir ihn dann mißversteh'n,
Ständig in die Irre geh'n,
Auf leises Bitten gar nicht hören,
Immer falsch herum agieren,

Dann rückt an deiner schwächsten Stelle,
Der Herrgott dir auf deine Pelle.
Da treibt den Keil er dann hinein.
Besinne dich! Das muß nicht sein.

Du kannst ihm wirklich nicht entkommen.
Ist scheinbar alles dir genommen,
Was lieb und teuer schien auf Erden,
Wirst reicher du im Himmel werden.

Die Ewigkeit ist lang und länger,
Das Herz, es wird so bang und bänger.
Doch fürchte gar nichts, liebe nur,
Dann hebt er dich zu ihm empor!

In Trauer

In Trauer oder in großem Leid,
Ist jede Seele eher bereit
Zu lauschen und hören auf Gottes Gebot,
Erhofft daraus Rettung aus ihrer Not.

Ohne Höhen und Tiefen, ein solches Leben.
Ist wohl noch nie einem Menschen gegeben.
Die Größe des Glücks ist nur zu ermessen,
Wenn wir die Tiefe des Leids nicht vergessen.

So danke für jeden Tag ohne Tränen,
Sollst ihn wie ein Geschenk annehmen.
Und jeder Mensch, der dir heute begegnet,
Sei mit deiner Liebe zu ihm gesegnet.

Trost

Wenn Tag und Nacht du Schmerzen hast,
Die dich quälen ohne Rast,
Verliere nur nicht die Geduld,
Grundsätzlich trägst du selbst die Schuld.

Was du von Anbeginn der Zeit
Verursacht hast an Schmerz und Leid,
Irgendwann holt es dich ein,
Du fühlst dann selber diese Pein.

Doch ist's nicht Strafe, wie man denkt,
Die Seele ist's, die dich so lenkt.
Denn ungesühnt kann sie nicht schauen
Im Himmelreich die güld'nen Auen.

Doch ist sie Jesu Eigentum
Und möcht verkünden SEINEN Ruhm.
Wenn noch so heiß die Tränen fließen,
Aus Pein wird Seligkeit entsprießen.

Vertrau IHM nur und liebe IHN,
So wird ER dich ganz zu sich ziehn.
An SEINEM Herzen wirst du ruhn,
Und alles IHM zuliebe tun.

Dank

Wenn dir des Glückes ganzer Segen
Aus Gottes güt'ger Hand gegeben,
So sei voll Dank dein ganzes Tun,
Darfst du in SEINER Gnade ruhn.

Betrüb' IHN nicht mit bösem Wort,
Dein Herz sei SEINER Liebe Hort.
Denk SEINER in des Tages Hast,
So trägst du leichter jede Last.

Das Brot, das dir die Erde gibt,
Die Mutter, die dich zärtlich liebt,
Ein Kind, das dir Vertrauen schenkt,
Ein Freund, der liebend dein gedenkt,

Das warme Bett, in dem du ruhst,
Die Arbeit, die du freudig tust,
In Wirklichkeit sind's Gottes Gaben,
Die wir aus Gnad' empfangen haben.

So sei dein Leben Dank und Lob
Für IHN, der dich zu sich erhob
Durch Christus, dessen helles Licht
Sich in unsern Herzen bricht.

Frage

Es war ein rauschendes, fröhliches Fest.
Wie es sich schöner kaum feiern läßt.
Ich tanzte, trank Wein, war richtig froh.
Da kam ein Mensch und sagte: So, so,
Bei mir da klopfest du fromme Sprüche,
Jetzt tobst du durch diese Hexenküche.
Das tut doch nie ein frommer Christ,
Der, wie du sagst, doch einer bist.
  Ich lachte,
  Ich dachte,
  Ich machte
  Dann dies Gedicht:

Tanzen, trinken, lachen, küssen –
Sollt' ich mich da schämen müssen?
Sieht mich Gott als Sünder an,
Wenn ich feiere dann und wann?

Verwandelt' nicht Herr Jesu Christ
Zu Kanaan, wie ihr wohl wißt
Das Wasser um in gold'nen Wein?
Wie sollt er mir dann böse sein!

Wenn ich mit anderen fröhlich bin
Hab doch nichts Arges ich im Sinn
Ich möchte alle glücklich machen
Mit Tanzen, Scherzen und mit Lachen

Zehn Gebote setzt Gott ein
Ich will ihm gern gehorsam sein.
Denn nirgendwo steht es geschrieben
Ich darf nicht tanzen, lachen, lieben.

Gottes Segen

Der Wind rauscht durch die Bäume,
Gott ist mir ganz nah.
Der Seele Blütenträume
Sie alle wurden wahr.

Es strömt aus Seinen Händen
Der Segen auf mein Haupt.
Daß je die Not würd' enden,
Ich hätt' es nie geglaubt.

Teil 2

Urlaubsabenteuer

Einleitung

Ein bißchen verrückt muß ich als Kind schon gewesen sein. Nichts fand ich langweiliger, als morgens schon zu wissen, was abends sein würde. Ständig nagte in mir das Verlangen, mit einem Butterbrot in der Tasche in die weite Welt hinaus zu gehen. Komischerweise bin ich aber nie wirklich ausgerückt. Erst als ich älter wurde, versuchte ich, meine stillen Wünsche in die Tat umzusetzen. Weil ich niemanden fand, der auf meine Ideen einging, zog ich allein los. In den Sommerferien nahm ich mein Fahrrad, meine Mundharmonika, ein Fahrtenmesser (es begleitet mich heute, vierzig Jahre später, immer noch auf den Radtouren), eine Dauerwurst und ein Brot und radelte fröhlich los. Es gab kaum Autos kurz nach dem Krieg und ob ich in Jugendherbergen oder in einer Scheune schlief, war mir völlig egal. Es muß damals im Sommer auch besseres Wetter gewesen sein, soweit ich mich erinnere, bin ich nie im Regen gefahren. Nach der Schulzeit, in Praktikum und Lehre, gab es keine Möglichkeit. Doch dann ging ich nach Paris und in den ersten Semesterferien begab ich mich wieder auf die Reise. In Ermangelung eines Fahrrades als Anhalter, oder wie es auf französisch viel besser klingt, per »Auto-stop«.

Jahre später kreuzte ich bei jeder Gelegenheit durch Deutschland. Ich schlief in Obdachlosenasylen oder auf einer Parkbank. Ich lernte die Sorgen der Menschen kennen, die keine Heim hatten, kurz, ich lebte meine Kinderwünsche voll aus.

Dann machte ich mich selbständig und aus war es mit dem Herumstreunen. Ich machte Urlaub, wie es sich gehörte, mit festen Terminen und vorgebuchtem Zimmer. Igitt, wie mich das gelangweilt hat. Aber meine Freundinnen, die mit mir fuhren, fanden, dafür sei man nun zu alt. Ha, die hätten sich das auch in jungen Jahren nicht getraut.

Mit vierzig angelte ich mir zum Entsetzen meiner Familie und sämtlichen »wohlwollenden« Mitmenschen einen jüngeren Ehemann. Im Handumdrehen hatte ich ihn für meine Ideen begeistert. Es konnte wieder losgehen mit Abenteuerurlaub. Zwar nicht mehr im Obdachlosenasyl oder auf Parkbänken, dafür aber mit Fahrrad und Zelt. Herrlich!

Rund viertausend Kilometer sind wir auf unseren Reisen gestrampelt. Dann verliebte sich mein Mann in ein Boot. Da er brav mit mir geradelt war, machte ich nun brav Bootsurlaub und den Bootsführerschein. Dabei stellte ich fest, daß Bootfahren sehr viel anstrengender ist als Radfahren. Ist man beim Radfahren müde, hält man an und haut sich eine Weile hin. Im Sturm auf See, beim Schleusen oder auf einem Fluß kann man nicht sagen, ich kann nicht mehr. Man muß durch bis zur nächsten Marina. Aber auch das macht Spaß, besonders, wenn man es überstanden hat.

Gelegentlich habe ich laut gestänkert: »Bin ich bescheuert, mich in meinen Alter so anzustrengen?« Aber ich habe es ja so gewollt. In Wirklichkeit macht es mir immer noch unheimlichen Spaß.

Ich hoffe, meine Leser haben beim Lesen dieser Urlaubsberichte auch Spaß.

3000 km Auto-stop

La Rochepot, 25.04.1960

Sehr leichtfüßig bin ich soeben die Treppe heraufgeflitzt, um mein Tagebuch herunter zu holen. Leichtfüßig insofern, als ich eine fürchterliche Raumleere in mir fühle. Ich hoffe, das Abendessen kommt bald.

Ich bin also heute morgen von Paris abgefahren. Es war fast elf Uhr, als ich am Place d'Italy aus der Metro stieg und mich auf den Tippel nach Süden machte. Ich fand sogar die Autobahneinfahrt, aber, siehe da, vier Polizisten verwehrten mir, gleich bösen Engeln, wenn auch nicht mit Flammenschwertern, den Zutritt zu dem sechsbahnigen, verlockenden Betonband. Ich tippelte auf der Landstraße einen Bogen, kroch an einer Kurve den Abhang hoch, stieg über ein wackeliges Gitter und oben war ich. Einer nach dem andern brauste vorbei. Nach zehn Minuten, so lange mußte ich sonst nie warten, wurde ich böse.

»Wenn der Nächste nicht hält, pfeife ich auf diese blöde Autobahn und such mir die Landstraße«, nahm ich mir vor und siehe da, der Nächste hielt. Der Fahrer informierte mich, daß es streng verboten sei, an der französischen Autobahn Anhalter zu spielen. Das muß einem Menschen ja gesagt werden. Ich wechselte zur Route National Nr 7 bis Fontainbleau. Dorthin kam ich in einem riesigen Straßenkreuzer der US-Army. Mit dem hätte ich weiterfahren können bis Chalon sur Saone, aber ich mußte doch das Schloß und den berühmten Park besichtigen. Ich spielte Tourist, schoß die letzten Fotos und bummelte durch den Park, der schon im tiefsten Sommergrün stand. Von vorn sieht das Schloß aus wie ein besserer deutscher Gutshof, von der Parkseite aus aber sehr imponierend.

In der Stadt wollte ich einen neuen Film kaufen, hatte aber die geheiligte und ausgedehnte Mittagsruhe der Franzosen nicht einkalkuliert. Alle Läden zu. Ich machte mich auf, die Route nach Lyon zu finden. Vier- bis fünfmal bin ich in den verschiedensten Wagen um die Stadt gerutscht, bis ein freundlicher

Amerikaner, der anscheinend genügend Zeit hatte, mich hinbrachte. Er hatte noch nicht ganz gewendet, als der Nächste hielt. Es war der Opernsänger José Luccioni von der Pariser Oper auf den Wege nach Nizza. Der gute Mann war tief beleidigt, als ich seine Einladung, in Nizza sein Gast zu sein, ablehnte. In La Rochepot, einem kleinen Dorf, ließ ich mich absetzen. Es sah von weitem so entzückend aus. Es liegt in einem engen Tal, darüber erhebt sich ein Schloß mit funkelnden Zinnen und Türmen. In der Hoffnung, in diesem Nestchen ein Hotel oder Pension zu finden, stieg ich von der großen Straße in das Tal hinab. Es gab ein Hotel, ein einziges. Ich brachte meine Sachen auf das Zimmer und machte mich auf zum Schloß. Erst ging's durch Dorf. In der Mitte des Dorfplatzes ein großes Waschhaus. Es sieht aus wie ein offener Schuppen, in der Mitte ein Bassin. Um dasselbe knieten Frauen und wuschen Wäsche wie weiland Gudrun im Normannenland. Ich trat hinzu, begrüßte sie und kam mit einer ins Gespräch. Sie erzählte, daß es in dem Dorf in keinem Hause Wasser gibt. Im Sommer sei der Dorfbrunnen oft leer, dann stehen die Frauen stundenlang für einen Eimer Wasser an. Brr, nichts für mich.

Auf schmalen, fast überwucherten Pfaden stieg ich zum Schloß hinauf. Die letzten Abendsonnenstrahlen spielten auf dem bunten Dach. Roter und weißer Flieder rankte sich an den gewaltigen Mauern empor. An steile Felswände lehnten sich blühende Apfelbäume. Ich sah hinunter in das stille Dorf, ringsum hoben sich dunkle Berge gegen den roten Abendhimmel und in der Ferne brummten schwere Laster, flitzten schnelle Pkw's auf der großen Straße nach Süden. Lange stand ich und schaute.

Beim Frühstück am anderen Morgen lache ich mit der Sonne um die Wette. Ich bin glücklich, daß ich weder für Madame Geschirr waschen oder Kinder hüten muß, noch zur Uni gehen und französische Grammatik büffeln muß, sondern frei wie ein Vogel die sonnige Welt vor mir liegen habe. Es ist mir auch vollkommen gleichgültig, wann ich wo ankomme.

Givors (Rhône)

Eine Industrielandschaft in Bergen, eine wunderhübsche Brücke, die aussieht wie Filigranarbeit. Mein Fahrer, ich habe einen Lastwagen erwischt, lud mich zum Essen in ein Fernfahrerrestaurant ein. Französische Fernfahrer sind herrliche Typen. Schwarze, dicke Schnurrbärte, wüste, schwarze Haare, auf den ersten Blick die reinste Verbrechervisage. Sieht man sie aber genauer an und lernt sie kennen, unterscheiden sie sich nur durch diese Äußerlichkeiten von ihren deutschen Kumpeln.

Zwei Stunden später könnte ich bersten vor Zorn. Herrliche Landschaft, Berge, Burgen, Felsen, malerische Ruinen – und ich kriege den Film nicht aus dem Apparat, um einen neuen einzulegen. Das kommt davon, wenn man nicht den eigenen Apparat dabei hat.

Das Rhônetal ist wunderschön. Im Osten weiße Gipfel, davor fallen in sanften Hängen die Weinberge ab. Soeben braust der Luxuszug nach Nizza vorbei. Ich hocke quitschfidel auf meinen Lastzug, der auf dieser Bergstrecke höchstens vierzig fährt. Da kann ich doch alles richtig in mich aufnehmen und bestaunen. Die armen reichen Leute sehen doch nichts. Mein Fahrer ist einen trinken gegangen, ich vertrete mir ein wenig die Füße.

Marseille, 20.30 Uhr

Das war ein abenteuerlicher Tag. Kurz hinter Avignon bog der Lastwagen nach Cavallon ab und ich stieg aus. Zwei Minuten später kam ein Pkw, ich winkte, er hielt. »Pour Marseille?« – »Oui, allez-y.« Kaum war der Mensch losgefahren, merkte ich, daß ich in einem Taxi saß. Na, ich fuhr ganz schön in die Höhe und erklärte dem Fahrer den Irrtum. Er grinste und versuchte, mir bange zu machen. Selbstverständlich müsse ich bezahlen, ich hätte ihn ja angehalten und er würde mit mir zur Polizei gehen. Ich ließ ihn quasseln. Als er merkte, daß ich mich nicht ins Bockshorn jagen ließ, erzählte er, daß die Fahrt bereits bezahlt sei. So saß ich also bequem und elegant im Taxi nach Marseille.

In Valence hatte ich den Film einbauen lassen und knipste rund um mich zu. Gewaltige Felsen rechts und links der Straße, die in Serpentinen aufstieg. Dazwischen weite Heidelandschaft und breite Flußbetten und fast tiefroter Sandstein. Auf dem höchsten Punkt angekommen, hielt der Fahrer an. Ich schrie auf vor Entzücken. Vor mir lag im letzten Abendschein schimmernd, das Mittelmeer. Es war unbeschreiblich schön.

Von da an ging es steil bergab. Nach einer Weile begann es im Wagen fürchterlich zu stinken. Der Fahrer guckte unter die Motorhaube und meinte, das Öl sei wohl zu heiß geworden, man müsse warten. Bon, warten! Auf einmal griff der Mensch unter seinen Sitz, holte einen Revolver von beängstigenden Ausmaßen hervor und meinte, nun sollte ich ihm einen Kuß geben. Als ich das nicht tat, wedelte er mit dem Ding vor meiner Nase herum und schimpfte. Ich kam mir vor wie in einem schlechten Krimi und mußte lachen. Seine Augen hatten ihn verraten. Er steckte den Revolver wieder weg und holte eine prall gefüllte Geldtasche hervor. Wegen des vielen Geldes, das er oft bei sich hatte, war er bewaffnet. Der Mann hatte viel Vertrauen zu mir, oder war er bloß dämlich? Meine Waffe, die ich immer griffbereit hatte, war zwar nicht tödlich, hätte ihn aber für drei Tage außer Gefecht gesetzt. Eine Dose mit spanischem Pfeffer, von der ich die Streuvorrichtung abmontiert hatte und den Deckel so wieder darauf gesetzt hatte, daß ein Daumendruck genügte. Davon eine Portion in die Augen! So schnell hätte er Marseille nicht wieder gesehen. Wenn ich kriminell oder geldgierig wäre.

Immer noch stinkend fuhren wir einige Zeit später in Marseille ein. Er zeigte mir den Hafen. Weiße Schiffe und Frachter lagen an der Pier, der Wind pfiff in den Masten, quietschend drehten sich riesige Lastkräne. Dann meinte er, nun müßte ich mir wohl ein Hotel suchen. Obgleich ihn ihm keinen Kuß gegeben hatte, war er sehr hilfsbereit. Er gurkte mit mir durch die halbe Stadt, bis ich etwas gefunden hatte, was meinen Geldbeutel entsprach. Weil er den Wirt kannte, handelte er den Preis noch herunter. Ich verabschiedete mich mit vielen Dankesworten und begab mich auf mein Zimmer. Eine winzige Dachkammer, aber das war mir egal.

Marseille, 27.04.1960, 8.00 Uhr morgens.

Verdammt kalt hier! Heute bin ich gegen Mitternacht aus dem Bett gestiegen und habe mir einen Pullover und Socken angezogen. Wie kann es nur um diese Jahreszeit am Mittelmeer so kalt sein! Gefrühstückt wird heute nicht. Zu teuer!

11.15 Uhr
Jetzt tippele ich schon drei und eine halbe Stunde durch Marseille und habe nun die Richtung nach Toulon eingeschlagen. Ich sitze auf einer Bank in der Sonne und kaue trockenes Brot. Gukke die Straße herunter und überlege, wie weit es wohl bis zum Stadtausgang ist, mir tun nämlich inzwischen die Beine weh. Aber ich mußte ja erst so viel wie möglich besichtigen. Am Strand und am Fischereihafen war es herrlich. Wunderbar ist auch der Bahnhof von Marseille. Eine gewaltige, schneeweiße Treppe führt empor, man hat einen tollen Ausblick auf die Berge und die Stadt.

Nizza, 17.30 Uhr

Wenn ich versuchen würde, alles zu beschreiben, so würde es sein, als ob ich einem Blinden den Unterschied zwischen grün und gelb klarmachen. Man muß es gesehen haben. Von Marseille bis Toulon an der Küste entlang fuhr ich in einem Citroen. Schwindelnd hoch steigt die Straße empor in eine Felsenlandschaft, tief unten liegt, blau wie ein Hamburger Schipper, das Mittelmeer. Vom höchsten Punkt aus war nach Norden Marseille zu sehen. Dann ging es bergab nach Chassis. Die Leute hier sind unwahrscheinlich freundlich und hilfsbereit. Man fährt mich »mal eben« zu einem besonders schönen Aussichtspunkt mit dem Bemerken, das müsse ich unbedingt gesehen haben, wenn ich schon mal hier sei. Und dann haben sie Spaß an meiner Freude und Begeisterung. Oder man bringt mich einige Kilometer weiter, von wo ich besser wegkomme.

Hinter Toulon erwischte ich einen Amerikaner, der bis Cannes fuhr. Langsam rollten wir an der Küste entlang. Rote Felsen stiegen steil aus dem Meer auf und begrenzten nach Norden die Straße. Grüne Wälder, sanfte Höhen, darin eingestreut kleine Häuser und pompöse Villen. Dann wieder eine schroffe Bucht, – ach es ist einfach nicht zu beschreiben. Ich vergaß Hunger und Durst, der Mund blieb mir offen stehen. Zur Besinnung kam ich erst, als der Ami im breitesten Chikagoslang sagte: »Oh, it's realy nice!«

Vor Cannes lagen Schiffe der 6. US-Flotte. Weit draußen der große Flugzeugträger, davor ein paar U-Boote und zwei Kreuzer. Schräg fielen die Sonnenstrahlen auf das Wasser, dunkel waren die Berge, weiß die Häuserfronten, stumm und drohend stand die Silhouette des Flugzeugträgers gegen den roten Himmel.

In Nizza regnete es in Strömen. Es hatte sich in Cannes blitzschnell bezogen und nun goß es wie aus Kübeln. Mein Fahrer brachte mich zu einem Foyer de la jeune filles, was so etwas ähnliches wie eine Jugendherberge ist, aber nur für Mädchen. Da sitze ich nun im Salon und warte. Habe bereits die Bekanntschaft mit einer deutschen Studentin gemacht. Es war zum Lachen, nach zehn Minuten französischer Konversation stellten wir erst fest, daß wir beide Deutsche waren.

28.04, früh morgens

Ich bin platt! Und wütend! Finde, das schlägt dem Faß die Krone ins Gesicht! Es schneit!!! Sollte man es für möglich halten? Da steht man im Frühling unter verschneiten Palmen am Mittelmeer!! Und friert wie ein Schneider! Nichts wie weg.

Menton, 28.04, 16.00 Uhr

Heute war mir das Glück zunächst nicht hold. Karin, die deutsche Studentin, die ich im Foyer de la jeune filles kennengelernt hatte, lud mich zum Frühstück ein. Deutscher Kaffee und Pflaumenmus! Himmlisch! Sie kam auf die Idee, mit mir nach Monaco zu trampen. Wir kamen zunächst bis Cap d'Ail. Dort wäre ich gerne geblieben, aber in der Jugendherberge nahm man mich nicht auf, weil ich keinen internationalen Jugendherbergsausweis hatte. Schade, die Herberge lag so idyllisch unter Palmen direkt am Strand. Der Ort hat den hübschesten weißen Bahnhof, sieht aus wie eine kleine Villa. Ich versuchte es in verschiedenen Hotels, aber die Leute besahen mich leicht angewidert von oben bis unten und erklärten kühl, es sei nichts frei. Offensichtlich zählen hier nur Leute, die zehn Meilen gegen den Wind nach Geld stinken. Karin fuhr zurück nach Nizza, ich machte mich auf den Weg nach Menton. In Monaco ist Auto-stop verboten. Ich tippelte hindurch, eine Seite rein, andere wieder raus. Blödes Land! Womit allerdings nicht die Landschaft gemeint ist. Aber ich werde angestarrt, als hätte ich mindestens die Pest und wolle sie einschleppen. Naja, taufrisch sieht mein blaues Leinenkleid sicher nicht mehr aus, und meine Schuhe könnte man eher als ausgelatschte Treter bezeichnen. Aber ich habe mich schließlich jeden Morgen gewaschen und gekämmt und würde meine Aufmachung immer noch als sportlich leger bezeichnen. Aber das ist hier wohl ungewöhnlich und nicht erwünscht.

In Menton fand ich eine verhältnismäßig billige Pension. Da ich heute noch keinen Pfennig für Essen ausgegeben habe, werde ich heute hier speisen. Seit dem Frühstück habe ich nur zwei Äpfel und ein paar Kekse gegessen. Man gewöhnt sich daran. Den ganzen Nachmittag bin ich herumspaziert und abends habe ich lange am Meer auf einem Felsen gesessen. Morgen früh geht es nach Norden, das heißt, ab morgen befinde ich mich auf der Rückreise.

Oha, dafür, daß das Zimmer billig ist, ist das Essen teuer. Außerdem behandelte man mich mal wieder sehr von oben herab. Na, ich habe erzählt, ich sei für eine deutsche Zeitung mit nur hundert Franken (mehr hatte ich ja wirklich nicht) unterwegs um Land und Leute kennen zu lernen und ich würde darüber einen Reportage schreiben. Es war ein Vergnügen, wie sich plötzlich alle vor Freundlichkeit einen Zacken abbrachen. So, und nun werde ich schlafen gehen. Im Gesicht habe ich einen Sonnenbrand und dabei eiskalte Füße. Blöder Zustand.

Menton, 29.04.

Heute ist mir gar nicht wohl in meiner Haut. Ich weiß nicht, warum. Bis jetzt ist alles gut gegangen und ich verstehe nicht, wieso mich meine Courage im Stich läßt. Die Straße nach Norden, der Sospelpaß, führt über Breil und den Tendepaß nach Cuneo in Italien. Sie steigt bis 1500 m, dann kommt ein vier Kilometer langer Tunnel und dann geht es wieder bergab. Das ist alles, was ich weiß. Ob sie viel befahren ist, oder ob man sich bei dem Wetter hinauftrauen kann, wird man ja sehen.

Novarra, 29.04.

Wenn ich geahnt hätte, was mir bevor stand, hätte ich sicher noch mehr Bammel gehabt. Bis Brig in der Schweiz wollte ich kommen und habe es mit Mühe und Not bis Novarra geschafft. Die Straße war so leer, daß ich schon dachte, alle Autofahrer hätten das Zeitliche gesegnet. Viel Schnee und kalt. Endlich kam ein Lastzug. Schätzungsweise 25 Tonnen Holz. Schöne, lange Stämme. Es war die reine Freude, in den Serpentinen die Stämme über dem Abgrund schweben zu sehen. Einen einzigen Pkw habe ich während der fünf Stunden dauernden Fahrt gesehen. Eine Dame in einem blauen Dauphine. Sie hatte sogar gehalten, als ich winkte, wollte mich aber dann doch nicht mitnehmen. Nein, das liebe sie gar nicht, meinte sie und ärgerte sich wohl schon. daß sie überhaupt gehalten hatte. Ich winkte lässig ab, obwohl ich schon lange gewartet hatte und entsetzlich fror. Aber schließlich hat man ja auch seinen Stolz. Zwei Stunden später sahen wir den Dauphine. Er lag etwas zermatscht dreißig Meter unterhalb der Straße. Da hatte mein Schutzengel richtig aufgepaßt.

Um 16 Uhr kam ich in Borgo an. Schnee, eisiger Wind und eine leere Straße. Zum ersten Mal verfluchte ich bibbernd meine

Idee, den Süden (ich hatte ihn mir immer schön warm vorgestellt) per Auto-stop zu erkunden. Ich stellte mir vor, wie warm und gemütlich es jetzt bei Muttern wäre. Wütend konzertierte mein Magen, der den morgendlichen Kakao längst ad acta gelegt hatte. Endlich nahm mich einer mit bis Savigliano. Da stand ich achtzig Kilometer vor Turin und fror weiter. Zwei Italiener lasen mich auf. Sie waren rührend. Ich war müde und hatte Kopfschmerzen. Sie besorgten Tabletten und schleiften mich anschließend zum Schlucken derselben in ein Cafe (Italienischer Kaffee schmeckt scheußlich). Machten meinetwegen einen Umweg über Novarra und suchten mir ein Hotel. Entsetzt protestierte ich, als ich die angeschlagenen Preise in der Halle sah und flitzte hinter dem Boy her, der meine Tasche schon nach oben brachte. Da ich kein italienisch und er kein französisch, geschweige denn deutsch sprach, gab es eine aussichtslose Konversation mit Händen und Füßen. Verzweifelt raste ich die Treppe wieder herunter, meine beiden Italiener waren weg. Höflich informierte mich der Empfangschef auf französisch, Zimmer und Dinner seien bereits bezahlt. Ich war platt. Nicht einmal »Danke schön« konnte ich den beiden sagen. Später kam ich mir im Restaurant sehr deplaciert vor. Bedient von befrackten Kellnern zwischen eleganten Roben, gut frisierten Köpfen und funkelnden Juwelen. Doch das Essen und der Wein waren so gut,daß es mir eigentlich egal war, was die Leute dachten. Nach einem heißen Bad kroch ich ins Bett und fand das Leben wieder schön.

Novarra, 30.04.

Das Frühstückszimmer ist wirklich hübsch, aber italienische Brötchen schmecken auch nicht. Ich bin froh, daß die Sonne scheint und es etwas wärmer geworden ist. Ich werde die Route nach Domodossola nehmen. Der Simplonpaß sei wegen des Schnees gesperrt. Da werde ich in Iselle oder Domodossola den Zug nehmen müssen.

Stresa am Lago Maggiore, 30.04., 10.00 Uhr

Jetzt, wo ich nach Hause muß, wird es warm. Es ist doch gemein. Seit einer Stunde sitzt ich am Wasser und möchte am liebsten hierbleiben. Aber meine Finanzen hielten das nicht aus, so mache ich mich auf den Tippel in Richtung Gravellona. Der erste Wagen fährt vorbei, der zweite auch, der dritte hält. Ein Belgier auf der Heimreise nach Utrecht. Mein Plan war, über Zürich und Schaffhausen zu fahren, Herr van Hove wollte über Basel. Ich überlegte nicht lange. Wir passierten den Simplonpaß im Autozug, was ich sehr aufregend fand und Herr van Hove freute sich, die lange Reise nicht allein machen zu müssen. In Basel war Messe, fast unmöglich, ein Zimmer zu bekommen. Ich fand mit seiner Hilfe privat ein Unterkommen, er bekam noch ein Zimmer im Hotel.

Am ersten Mai um 8.30 Uhr passierten wir die deutsche Grenze. Schneller, als ich gedacht hatte, war ich wieder zu Hause. Zwei Tage blieb ich in Bonn. Am 03.05. tippelte ich durch Bonn und Siegburg und machte zum letzten Mal winke-winke. Ich erwischte einen Wagen, bitteschön, was will man mehr, nach Heide in Holstein. In Herford angekommen, meinte der Fahrer, er könnte mich ja auch eben bis Lübbecke bringen, wogegen ich nichts einzuwenden hatte. Um 16.30 Uhr war ich daheim. Zwei Stunden später hatte ich Fransen am Mund vom Erzählen und einen Schwips, da das Wiedersehen nach 3000 Kilometern Autostop etwas begossen worden war. Wie sich das gehört.

Januar 1991

Wenn ich heute Bilder von der Riviera im Fernsehen sehe, bin ich unendlich dankbar, daß ich dies alles noch sozusagen im Urzustand gesehen habe. Die romantischen Fischerdörfer, wo heute die Betonkästen, sprich Hotels, das Landschaftsbild beherrschen. Die Strände, wo die Netze der Fischer zum trocknen hingen und kleine Fischerboote in den Häfen dümpelten, wo heute

Luxusyachten liegen. Nichts ist geblieben von dem Reiz des Ursprünglichen.

Damals war es noch durchaus ungewöhnlich, als Mädchen allein zu trampen. Wenn ich heute die Anhalter an der Straße stehen sehe, wie sie stumpfsinnig ihren Daumen raushalten, kann ich nur mit dem Kopf schütteln. Richtig winken und Blickkontakt suchen, kommt mir wesentlich effektiver vor. Wenn sich die Mädchen über zudringliche Fahrer beklagen, sehe ich das Hauptproblem in ihrer Aufmachung. Mit Minis, die nur das äußerst Notwendige bedecken und geschminkt wie die letzte Schicht vom Place Pigalle, fordern sie die Männer doch geradezu heraus. Kein Fahrer hat mich je belästigt oder, wie es so schön heißt, ein wirklich unsittliches Angebot gemacht. Böse Zungen könnten ja sagen, wahrscheinlich sei ich einfach nicht attraktiv genug gewesen. Manchmal habe ich das auch gedacht, war aber in diesem Falle ganz froh darüber. Wenn ich mir aber Fotos aus diesen Jahren von mir ansehe, dann war ich doch nicht so häßlich, wie man glauben könnte. Was meine Theorie von der seriösen Aufmachung bestätigt. Denn soviel schlechter als damals sind die Männer von heute bestimmt nicht.

Aber was soll's, mit meinen sechzig Jahren fahre ich sowieso nicht mehr per Anhalter und wann haben die Alten die Jungen je verstanden oder umgekehrt!

Radtour ins Ungewisse

Auf die Frage, wohin wir denn fahren wollten, zuckten wir die Achseln. »Wenn der Wind aus West kommt, fahren wir nach Osten, kommt er aus Ost, geht es nach West. Nord- oder reinen Südwind haben wir um diese Jahreszeit so gut wie nie.«

Als wir am 18. Juni morgens um acht Uhr am Kanal ankamen, machten wir dumme Gesichter: der Wind kam direkt aus Süd! Unser Weg sollte aber am Kanal entlang gehen und der verläuft nun mal von Ost nach West, oder umgekehrt, wie man will. Wir entschieden uns für West, woraufhin der Wind prompt drehte und uns eine Stunde später voll entgegenpustete. Wir behielten aber die Richtung bei, da sonst der Wind sicher wieder umgesprungen wäre. Zuerst wollten wir ja umkehren, bloß um es auszuprobieren, dachten dann aber, daß wir dann vielleicht eine Woche lang immer dieselbe Strecke hin und her fahren würden. Genau zwölf Kilometer lief es gut, dann hatte ich einen Platten. Da wir nun sowieso halten mußten, machten wir erst ein ausgiebiges Frühstück.

»Gegenwind und einen Platten«, räsonierte ich, »Das fängt ja gut an!«

»Mecker nicht«, sagte mein lieber Mann, »ist doch ganz egal. Wir haben kein Ziel und viel Zeit. Ob wir nun hier sitzen oder ein paar Kilometer weiter, Hauptsache, wir haben Urlaub.«

Er flickte den Reifen und wir rollten weiter. Gegen Abend erreichte wir einen Campingplatz am Kalkrieser Berg. Vom Kanal mußten wir drei Kilometer bergauf schieben. Es war mehr ein Platz für Dauercamper mit luxuriösen Zelten und Wohnwagen. Offensichtlich hatte man dort noch nie ein Igluzelt gesehen. Eine Menge Leute sah interessiert zu, als wir aufbauten.

»Das Ding bleibt tatsächlich stehen«, meinten einige und alle Kinder krochen erst einmal hinein.

Am nächsten Morgen war es merklich kühler. Ohne Unterbrechung, nur mit Essenspausen, rollten wir durch bis zum Hertasee. Ein riesengroßer Campingplatz an einem winzigen See. Die sanitären Verhältnisse waren katastrophal. Da es keine Duschen gab, spülten wir den Staub im See ab. Das hätten wir lieber bleiben lassen sollen! Lange Hosen, zwei Pullover und Jacke halfen nicht, wir bibberten vor Kälte. Vor dem Nachbarzelt machten zwei junge Männer Glühwein. Ich schlich mich heran und zitterte ihnen so intensiv etwas vor, daß ihnen gar nichts anderes übrig blieb, als uns einzuladen.

Hans, dieser brutale Mensch, zerrte mich an nächsten Morgen wieder in den See. Da ich mich aber anschließend warm strampeln konnte, war es nicht so schlimm.

Gegen Mittag erreichten wir Hörstel, wo der Dortmund-Ems-Kanal nach Norden abzweigt. Der Mittellandkanal führt weiter ins Ruhrgebiet und zum Rhein. Wir entschlossen uns, dem Dortmund-Ems-Kanal zu folgen. Wie nicht anders zu erwarten, drehte der Wind sofort mit und blies uns wieder ins Gesicht. An der Venhauser Schleuse bandelte ich ein bißchen mit einen Frachterkapitän an und machte auf erschöpft. War ich auch, bei dem Gegenwind. Ich hatte Erfolg, wir durften auf dem Schiff weiterreisen. Räder und Hänger wurden an Bord gehievt und wir hockten stolz wie die Spanier im Ruderhaus. In Meppen vor der Schleuse legte das Schiff an, denn es war spät geworden, es wurde nicht mehr geschleust. Blaß vor Schreck starrte ich über die Bordwand. Das Schiff lag nur an Dalben festgemacht, zwischen Schiff und Ufer ungefähr vier Meter Wasser! Es war außerdem schon fast dunkel.

»Wie kriegen wir bloß die Räder und den Hänger von Bord?« jammerte ich. Hans stierte ebenso käsig in das grün schimmernde Wasser.

»Kein Problem, das machen wir schon«, beruhigte uns der Kapitän. Er und ein Matrose legten ein Brett auf den Dalben bis ans Ufer und balancierten unter unsern entsetzten Blicken alles über das schwankende Brett. Nun aber mußten wir selber hinterher. Wenn auch kein gähnender Abgrund unter uns war, wie in manchen Filmen, wo der Held im letzten Augenblick vor den Gangstern über eine schwankende Brücke flüchten kann, so war mir doch ausgesprochen mulmig zumute. Aber das einzige, was uns passierte, war die enge Fühlungnahme mit dem Grünspan vom Dalben, an dem wir ja erst hochsteigen mußten. Voll grüner Schmiere, frierend und müde standen wir auf dem Leinpfad.

»Nun aber schnell einen Platz für das Zelt finden«, bibberte ich.

»Einverstanden, aber wie?«

Wir tigerten über die Brücke und hofften, dort soviel Platz zu finden. Fehlanzeige. Dort war der Leinpfad noch schmaler als auf der anderen Seite. Weder Wald noch Wiese, nur ein tiefer Graben.

»Wir müssen in das Dorf fahren und fragen. Irgendein netter Mensch hat bestimmt ein Stück Wiese für uns!« Hans sprach's und wandte sich dem Dorf zu. Im selben Momment sauste ein großer Hund auf uns zu. Hei, wie glücklich ich den Riesenkerl begrüßte. Denn wo so ein Hund ist, kann ein Mensch nicht weit sein. Während ich dem Hund schöntat, schilderte Hans dem inzwischen angelangten Herrchen unsere Lage. Der liebe Mensch nahm uns gleich in seine Obhut, und weil es inzwischen ganz dunkel geworden war, befand er, jetzt könne man doch draußen kein Zelt mehr aufbauen. Was kam dabei heraus? Der Mann war Besitzer einer Gärtnerei, und da im Augenblick ein Gewächshaus nicht genutzt wurde, konnten wir dort unser Lager aufschlagen.

»Aber Sie müssen um sieben Uhr aufstehen, um acht kommt die Frau, die die Berieselungsanlage anstellt«, erklärte uns seine Frau.

»Kein Problem, um die Zeit werden wir vor Hunger sowieso immer wach!«

Ob es nun mein Hungerspruch oder einfach vorhandene Nächstenliebe war, blieb ungeklärt, jedenfalls bekamen wir am nächsten Morgen ein opulentes Frühstück bei der Hausfrau.

An der Bundsstraße 70 sahen wir ein Schild: Radweg nach Emden. Warum sollten wir nicht nach Emden fahren? Also, auf, Richtung Nordsee. Der Weg führte durch wunderschöne, stille Heidelandschaften oder durch Felder. In Papenburg verfranzten wir uns zunächst, was sich aber als äußerst nützlich herausstellte, denn wir fanden einen kleinen hübschen See an einem Wäldchen. Nichts ist erholsamer als nach einem Bad und einem Butterbrot im Abendlicht vor dem Zelt zu sitzen und nur den Vögeln zuzuhören, die ihre Kinder in den Schlaf zwitschern.

Später, Hans hatte sich wohl nicht müde genug gestrampelt, machte er Anstalten, mit in meinen Schlafsack zu krabbeln, was ich energisch zurückwies. Mit ungläubig aufgerissenen Augen fragte er nach dem Grund. »Außer dem See gibt es hier keine sanitären Anlagen, die ich gewöhnt bin, anschließend zu frequentieren!« antwortete ich vornehm. Er kroch enttäuscht in den seinen.

Tags darauf erreichten wir gegen siebzehn Uhr das schöne Städtchen Oldersum kurz vor Emden. An einer Eisbude fragten wir nach einem Platz für unser Zelt. Der Ostfriese beäugte uns erst einmal und fragte dann, woher wir kämen. Nachdem wir ihm das verraten hatten, brüllte er aus vollem Hals die Dorfstraße herunter: »Alles dichtmachen, die Westfalen kommen!«

Einen eigenartigen Humor haben diese Ostfriesen. Oder sollten sie bei uns so schlechte Erfahrungen gemacht haben? Wie dem auch sei, er beschrieb uns lag und breit einen Weg am »Rorichumer Tief«, was immer das auch war. Wir trudelten also in besagte Richtung los, wo zunächst einmal auf Grund des holprigen Weges Hans' Rad umkippte und die Anhängerkupplung verbog. Über der Tür der Werkstatt, die wir aufsuchten, hätte stehen müssen: Suchet, so werdet ihr finden! Nie habe ich eine derartige Unordnung gesehen. Aber man half uns, und das war ja die Hauptsache. Das Rorichumer Tief entpuppte sich als breiter Entwässerungskanal, der aus dem Moor führte. Der Weg war dreißig Zentimeter breiter als unser Zelt. So ganz wohl war uns dabei nicht. Rechts das Wasser und links viele Kühe. Etwas beklommen krochen wir in die Schlafsäcke. Hans peilte mich erwartungsvoll an, ehe er sich hinlegte. Ich wies nur stumm in Richtung Wasser. Seufzend, und etwas von ehelichen Pflichten murmelnd, zog er den Reißverschluß zu.

Als morgens eine Kuh unter dem Draht her fraß und direkt neben meinen Ohr genüßlich kaute, schoß ich wie eine Rakete hoch, weil ich dachte, die Welt geht unter. Schauderhaft, so geweckt zu werden.

Dieser Tag bescherte uns zunächst wieder eine Panne. Einen Platten am Hänger. Wir hoben alles auf den Bürgersteig und begannen, den Hänger auszuräumen. Aus dem Haus, vor dem sich das abspielte, kam eine Dame und war der Meinung, das sollten wir doch nicht in der Hitze auf der Straße machen. Sie holte uns herein, kochte Kaffe, brachte Kuchen, schleppte Wasser, und während Hans den Reifen flickte, saß ich gemütlich mit ihr auf der Terrasse. Man glaubt es nicht, wie nett und hilfsbreit alle Leute zu Radwanderern sind. Die meisten meinen, wir hätten kein Auto und könnten uns nichts anderes leisten. Daß wir bloß einen Vogel haben, brauchen ja nicht alle zu wissen.

Inzwischen hatten wir beschlossen, nach Borkum zu fahren. Pünktlich erreichten wir die Fähre und Hans ging zum Schalter, um die Karten zu kaufen.

Dabei spielte sich folgender Dialog ab: »Ich hätte gern Karten für zwei Personen, zwei Fahrräder und einen Hänger.«

»Hänger? Unmöglich! Die müssen drei Monate vorher angemeldet werden und wir haben keinen Platz mehr!«

Hans: »Ich meine doch einen Fahrradanhänger.«

»Fahrradanhänger? Ach so, Fahrradanhänger, das ist was anderes. Wieviel Kilo? Fünfhundert?«

Hans: »Das ist ein Hänger, den man mit dem Fahrrad zieht.«

»Ach so, mit dem Fahrad, ja das weiß ich auch nicht, was der kostet, da muß ich erst fragen.«

Nachdem sich der gute Mann mit einem Kollegen beraten hatte, der es auch nicht wußte, einigten sie sich auf den Preis für ein zusätzliches Fahrrad.

Dabei fällt mir eine nette Geschichte in, die sich im Anschluß an diesen Urlaub ereignete. Mein Schwager wollte auch einen Fahrradanhänger kaufen. Er rief ein großes Kaufhaus an und fragte danach. Tiefes Schweigen. Mein Schwager wiederholt seine Frage: »Haben Sie Fahrradanhänger?«

Noch einen Moment nachdenkliches Schweigen, dann kam es

zögernd: »Fahrradanhänger? Nein, die haben wir nicht. Aber Schlüsselanhänger, die haben wir!«

Auf Borkum angekommen, bekamen wir trotz Überfüllung noch einen Platz auf dem Campingplatz. Ungefähr einen halben Kilometer von den sanitären Anlagen entfernt. Zelt aufgestellt, Abendbrot gegessen, waschen gegangen. »Mensch, ist das eine Wanderung«, stöhnte Hans auf dem Rückweg.

»So ist es«, sagte ich, »und darum gehe ich auch heute Nacht nicht dahin!«

»Willst du damit sagen – – ?«

»Genau das!«

Nach einer langen und zornigen Tirade und dem Entschluß, morgen sofort Verhüterli zu kaufen, verschwand Hans in seinem Schlafsack.

Diesen Vorsatz in die Tat umzusetzen, erwies sich als äußerst schwierig. Nachdem wir in jeder Kneipe ein Bier getrunken hatten, und Hans jedesmal mit langen Gesicht von den Toiletten kam, startete er einen letzten Versuch im Bahnhof. Auch Fehlanzeige!

»Gehe ich eben in die Apotheke«, verkündete er entschlossen. Vor derselben wich er verstört zurück. Ein blutjunges, bildhübsches Mädchen hinter dem Tresen. Das war zuviel für Hans.

»Bei der nicht!«

Ich hockte mich auf eine Mauer und besah mir grinsend meinen Mann, der vor der Apotheke auf und ab tigerte. Endlich erschien der Apotheker. Hans schoß hinein, kam wieder heraus, zerrte mich von der Mauer – »und jetzt nix wie ab ins Zelt!«

Und so geschah es.

Drei herrliche Sonnentage folgten. Neben uns zeltete ein sehr würdig wirkendes Ehepaar mittleren Alters. Wie sich herausstellte, war er Pastor. Am FKK-Strand guckten wir etwas verdutzt, als wir Hochwürden fröhlich nackt im Sand liegen sahen. Na, wir gehörten nicht zu seinen Schäfchen. Ob ihm das wohl egal wäre, wenn die ihn so sähen?

Weil das Wetter so schön war, verlängerten wir um vier Tage. Kaum hatten wir das getan und den Platz bezahlt, fing es an zu regnen. Dann gab es Sturm, so daß wir zusätzlich Heringe einschlagen mußten. Schön war das Baden in der Brandung. Aber es blieb kalt und regnerisch, so waren wir nicht traurig, als wir wieder auf's Schiff mußten. Richtig sauer wurden wir jedoch, als eine halbe Stunde später die Sonne wieder kam und mit aller Kraft das Deck aufheizte, was für uns sehr unangenehme Folgen haben sollte. Die Matrosen hatten unseren Hänger auf eine Eisenplatte gestellt, die so heiß wurde, daß der Reifen auf eine Länge von zwanzig Zentimetern aufplatzte. Wir trugen den Hänger zu der Tankstelle am Anleger. Der Reifen war nicht zu reparieren. Nach einer Stunde vergeblicher Arbeit fluchten wir wie die Müllkutscher, weil wir nicht wußten, wie es weiter gehen sollte. Es war Samstagmittag, wie sollten wir vor Montag an einen Ersatzreifen kommen? (Seit dieser Panne haben wir immer einen dabei.) Das Wochenende auf der Tankstelle verbringen? Nein, danke. Während ich lauthals auf die dösige Schiffsbesatzung schimpfte, kam ein junger Mann vorbei, blieb stehen und hörte zu. Dann erbot er sich, nach Emden zu fahren und einen Ersatzreifen zu besorgen. Obwohl schon Geschäftsschluß war, gelang es ihm. Ich fiel ihm beinah zu Füßen vor Dankbarkeit. Er wehrte jeden Dank ab und verschwand. Da erst informierte uns der Tankwart, daß der junge Mann der Chef der Reederei der Fähren war, mit der wir gekommen waren. Ha!!

Endlich konnten wir wieder rollen. In Wesel blieben wir auf einem Bauerhof. Wieder einmal neben einer Kuhweide. Es war heiß, gab viele Fliegen. Das Schwanzballett der Kühe war lustig anzusehen.

Der nächste Tag wurde noch heißer, und, was uns überhaupt nicht paßte, wir fanden keinen Radweg. Unsere Straßenkarten halfen uns nicht weiter, denn wir wollten weder Bundes- noch Landstraßen fahren. Also Leute fragen! Na, da kam etwas dabei heraus! Wir fuhren zehn Kilometer in die falsche Richtung, landeten einmal in einem Maisfeld und mußten schließlich und endlich doch eine Bundesstraße fahren. Sie führte am Küstenkanal entlang. Ach, wie gerne wären wir bei der Hitze zwischendurch in den Kanal gehüpft! Ging aber nicht. Leitplanken, ein steiler, mit Brennesseln und Dickicht bewachsener Abhang machten ein solches Unterfangen gänzlich unmöglich. Endlich sah ich an einer Brücke Kinder im Wasser. Nichts wie hin, Klamotten herunter und hinein in das kühle Naß! Das Dorf, zu welchem die Brücke führte, hatte den ungewöhnlichen Namen Husbäke. Wir fragten nach einem Platz für uns und man wies uns ein unbebautes Grundstück an. Das Gras stand sehr hoch, der Boden war puckelig. Das störte uns jedoch wenig, wir waren inzwischen allerhand gewöhnt. Nur daß dort die Ohrenkneifer offensichtlich ein Bundesfestival veranstalteten, beeinträchtigte unser Wohlbefinden doch ein wenig. Im Leben habe ich nicht so viele von den Viechern auf einmal gesehen, und sie aus unserm Zelt fern zu halten, schien ein Ding der Unmöglichkeit. Als wir endlich glaubten, wir hätten es geschafft, kamen mir noch zwei aus meinem Schlafsack entgegen.

Am anderen Morgen sah der Himmel aus, als würde jeden Augenblick ein Weltuntergang stattfinden. Tiefschwarze Wolken, Wind, der in Böen Sturmstärke erreichte und dreißig Grad Lufttemperatur. Schwül war gar kein Ausdruck. Nach Süden mußten wir fahren, wo kam der Wind her? Dämliche Frage, selbstverständlich aus Süd!

Bisher war, bis auf kleine Mißgeschicke, alles gut gelaufen. Unsere gute Laune und die Abenteuerlust hatten uns immer nur kurzfristig im Stich gelassen. Aber auf das, was nun auf uns zukam, hätten wir gerne verzichtet. Staubsturm im Ammerland!

Der Wind hatte die trockene Ackerkrume auf den kilometerlangen Feldern aufgewirbelt und fegte sie nun über das Land. Alles war in eine dunkle Wolke gehüllt, nur Kirchturmspitzen und die höchsten Bäume guckten heraus. In kurzer Zeit hatte man den Mund voll Sand und Dreck, die Augen brannten. Sehen konte man höchstens zwanzig Meter weit. Sobald man nur einen Augenblick nicht kräftig in die Pedale trat, blies einen der Wind ein Stück zurück. Ich wußte, lange konnte ich das nicht durchhalten. Aber irgendwann packte mich ein fürchterlicher Zorn. Jetzt weiß ich, wozu ich in der Lage bin, wenn ich richtig wütend bin. Schimpfend und zeternd strampelte ich sechzig Kilometer in diesem Inferno ohne schlapp zu machen bis Vechta. Da waren wir endlich im Schutz der Häuser. An Zeltaufschlagen war in dem Sturm nicht zu denken. Für die Nacht war schweres Unwetter angesagt und es hatte, wie wir an einer Imbißbude erfuhren, bereits Hagelschläge gegeben. Dem wollten wir uns nicht aussetzen. Als wir noch ratlos an der Straße standen, sah ich einen LKW kommen, der mir bekannt vorkam. Ein Wagen aus Lübbecke! Ich sprang ihm fast auf den Kühler, was Hans zu einem Entsetzensschrei veranlaßte. Der Fahrer brachte uns nach Hause. Meine Mutter hatte Mühe, in den beiden Kohlentrimmer ähnlichen Gestalten zu erkennen, wer da Einlaß begehrte.

Einige Wochen später hatte ich Geburtstag. Mit ein paar Freunden feierten wir kräftig und zu vorgerückter Stunde, schon etwas alkoholisiert, erzählte ich von dem Versuch, auf Borkum Verhüterlis zu kaufen. Brüllendes Gelächter, man zog den armen Hans nach allen Regeln der Kunst auf. Er nahm es leicht und lachte mit.

Ein halbes Jahr später, an unserem Hochzeitstag, kam ich um zwanzig Uhr müde und hungrig vom Dienst in der Schwimmhalle nach Hause. Mir quollen die Augen fast aus dem Kopf, als ich in die Stube kam. Alle Freunde waren da, bepackt mit Bier, Schnaps, heißen Würstchen und Kartoffelsalat.

»Ich kann nichts dafür«, entschuldigte sich Hans und grinste wie ein Honigkuchenpferd, »sie wollten mit uns den Hochzeitstag feiern.«

Es wurde ausgesprochen fröhlich. Man überreichte uns feierlich ein großes, hübsch verschnürtes Paket als Geschenk. Ich begann auszupacken. Ich wickelte und wickelte und wickelte. Und was war drin? Muß ich es noch sagen? Daran hing ein Zettel: Vorsorge für die nächste Radtour!

Sommerurlaub 1987
Radtour von Basel nach Düsseldorf

Anfangs sah es ja so aus, als würde nichts daraus werden. Verbittert starrten wir in den strömenden Regen, nahmen traurig zur Kenntnis, daß die Betreuerin unserer Mutter ins Krankenhaus eingeliefert wurde und stellten wütend fest, daß der IC der einzige, durchgehende Zug von Bielefeld nach Basel war. Wütend darum, weil ein IC keine Fahrräder mitnimmt. Flexibilität war gefragt, als sich innerhalb von zwölf Stunden die Situation änderte. Meine Mutter konnte zu meiner Schwester nach Bonn fahren, das Wetter klarte auf und von Koblenz konnten wir mit den Fahrrädern bis Basel durchfahren. Die Räder, der Hänger und die Packtaschen wurden nebst Mutter und ihrem Koffer im Mercedes verstaut, nach Bonn geschaukelt, abgeliefert und meine Schwester brachte uns zum Bahnhof nach Koblenz. Auf dem Bahnhofsparkplatz montierte Hans unter den staunenden Augen einiger Zuschauer den Hänger wieder zusammen. Futtertasche und Wasserkanister wurden darauf festgezurrt und dann der Hänger an Hans' Rad angekuppelt.

Die Bahnbeamten guckten etwas erstaunt, als wir mit unserm »Long Vehicle« einrollten. Sie hievten uns mit dem Gepäckaufzug auf den Bahnsteig und nachdem alles im Gepäckwagen verstaut war, machten wir es uns im Abteil gemütlich. Das Wetter war wieder umgeschlagen und es goß wie aus Eimern. Noch war uns das egal.

In Basel schien die Sonne, aber wie! Schwitzend hoben wir unsere Vehikel aus dem Wagen. Glücklich stellten wir fest, daß hier Rampen statt Treppen waren und priesen die Schweizer für ihre fahrrad- und behindertengerechten Einrichtungen. Bis wir zum Ausgang kamen. Nur Stufen! Schimpfend kuppelten wir ab und schleppten alles herunter.

Aufgesessen und ab in Richtung Lörrach. In einem Gartenrestaurant machten wir nach einer Stunde (man soll es langsam angehen lassen) Pause. Neugierig bestellten wir ein »Eingeklemmtes«. Was war es? Ein Klappbutterbrot!

Als wir den Campingplatz erreichten, regnete es wieder. Also erst mal unterstellen im Nachbarzelt. Es war gräßlich, denn dort grillte man Würstchen. Uns lief das Wasser unter allen Brücken im Munde zusammen. Hans sah aus, als würde er darin ertrinken.

Nach zehn Minuten, die uns wie eine Stunde vorkamen, wurden wir erlöst. Schnell das Zelt aufbauen, einen Happen essen, eine Zigarette und ab in die Schlafsäcke. Kaum waren wir drin, pladderte es wieder. Nun konnte es unsertwegen, wir haben herrlich gepennt.

Vom Gegurre der Tauben geweckt, krochen wir ziemlich früh und sehr hungrig aus dem Zelt in den jungen Morgen. Über uns blauer Himmel, aber im Westen eine schwarze Wolkenwand, dick und bedrohlich. Da blieb sie auch. Weil es aber so schlimm aussah, haben wir uns ganz gegen unsere Gewohnheit mit dem Frühstück beeilt. Wir wollten nicht gerne ein nasses Zelt einpacken.

Wir fuhren über Binzen, wo wir bei Bekannten ein zweites Frühstück »abstaubten«, und Eimeldingen an den Altrhein.

In diesem Frühjahr hatte es bei der Schneeschmelze mit sehr viel Regen in Süddeutschland überall Hochwasser und Überschwemmungen gegeben. So waren auch jetzt die großen Schleusen noch voll geöffnet, um das Wasser in den Altrhein abfließen zu lassen. Sonst, in normalen Zeiten ein müdes Rinnsal, war er jetzt ein brausendes Wildwasser. Alle Auen waren überspült, nur die Kronen der mächtigem Bäume reckten sich über die tobenden Fluten, gepeitscht von den schäumenden Wellen.

Wir rollten genüßlich mit Rückenwind auf dem Damm entlang. Es war unbeschreiblich schön. Keine Menschenseele weit und breit. Reiher schwebten über dem Wasser. Große bunte Schmetterlinge gaukelten vor uns her. Der ganze Damm war bewachsen mit Blumen wie ich sie bei uns noch nie gesehen habe. Vielleicht waren es sogar wilde Orchideen.

Schneeweiße Wolkenschiffe am tiefblauen Himmel. Immer noch ein freundlicher Rückenwind, der uns vor sich her schob.

Am frühen Nachmittag erreichten wir den Campingplatz Gu-

gel bei Neuenburg. Mit platzeigenem Hallenbad. Oh bitte, wie vornehm. Wir hüpften denn auch unverzüglich ins Wasser. Dann saßen wir in der Sonne vor dem Zelt. Unsere Zeltnachbarn kamen zum Plaudern.
»Wo kommt ihr denn her?«
»Von Basel.«
»Und wo wollt ihr hin?«
»Nach Düsseldorf.«
»Waaas? Mit Rad? Ihr seid verrückt, bei dem Sch....wetter? Es regnet doch seit vierzehn Tagen, heute ist der erste schöne Tag!«

Als wir am nächsten Morgen um halb acht die Nase aus dem Zelt steckten, pfiff ein kräftiger Wind um dieselbe. Fröhlich stellten wir fest, daß er noch aus der richtigen Richtung kam. Beim Frühstück mußten wir aufpassen, daß er uns nicht die frischen Brötchen vom Brettchen pustete. Wir fuhren wieder zum Damm. Nach zwanzig Kilometern verwandelte sich der bisher ebene Pfad in eine Baustelle. Zu gerne hätte ich gewußt, zu welchem Zweck man diese tiefen Löcher gebuddelt hatte, zumal sie auch mit einer undefinierbaren glitschigen und klebrigen Masse gefüllt waren. Vom Damm herunter war unmöglich, es war viel zu hoch und zu steil. Also, Slalom schieben. Wenn man nur der Hänger nicht in ein Loch rutschte. Er tat es nicht. Nach sieben Kilometern hatten wir wieder einen radelbaren Weg. Er führte in ein ungemein romantisch aussehendes Waldstück. Fröhlich wollten wir hineinfahren, als zwei Leute auftauchten. Die informierten uns, daß es unmöglich sei, durch den Wald zu fahren wegen der Schnaken. In fünf Minuten sei man schwarz von den Biestern, es seien besonders große und anscheinend irgendwie giftige Viecher. Ich hatte in der Zeitung über den Mückenalarm in Groß-Gerau gelesen und auch die Bilder gesehen. So wandten wir uns schaudernd landeinwärts.

Nun ging es durch gemütliche Dörfer mit wenig Autoverkehr. Am späten Nachmittag begann es zu regnen. Am Abend regnete es immer noch. Es waren noch vierzehn Kilometer bis zum Campingplatz.

»Da regnet es auch«, meinte Hans, »wir wollen lieber hierbleiben.«

Wir begannen ein Zimmer zu suchen und ernteten entweder ein mitleidiges Lächeln oder Hohngelächter. Schließlich waren wir in Rust mit dem berühmten Europapark. Die Leute schienen geradezu stolz darauf zu sein, daß alles rappelvoll war. Aber, wie heißt es so schön? »Mit die Dummen ist Gott« und wir fanden ein Privatzimmer. Nicht einmal teuer.

Die Hausfrau fragte gleich nach dem woher und wohin.

»Von Basel?« wiederholte sie, als hätte sie nicht recht gehört (soweit war es nun wirklich noch nicht), »und nach Düsseldorf? Mit dem Fahrrad?« Nacktes Entsetzen lag in ihrer Stimme. »Und das bei dem Wetter! Es regnet doch seit zwei Wochen unentwegt. Nur heute nicht, da fing es erst um fünf Uhr an.«

Am anderen Morgen schien die Sonne. Als wir hinauskamen, zogen wir etwas geschockt die Schultern hoch. Nur über Rust war der Himmel klar. Darum herum dicke schwarze Wolken. Na ja, abwarten, was davon wird.

Zunächst fuhren wir bei Nonnenweiher über den Rhein auf die französische Seite. Wir bestaunten die große Schleuse und das Stauwerk. Über kleine, wenig befahrene Straßen erreichten wir am frühen Nachmittag den Campingplatz »Baggersee« in Straßbourg. Zelt aufschlagen, Tasse Kaffee und dann nichts wie ab in die Stadt.

Wir besichtigten das Münster und die »Petit France«, ein Stadtteil, der ganz im Wasser liegt. Es war wunderschön.

Auf dem Heimweg kauften wir eine Flasche Wein und setzten uns damit draußen vor den Kiosk. Es begann zu regnen. Wir zogen unsere Regenmäntel über und tranken in aller Ruhe die Flasche aus. Es regnete weiter. Wir gingen auch in Regenmänteln duschen. Fies, das Plastikzeug auf nackter Haut, aber wozu erst wieder anziehen?

Gerade waren wir in die Schlafsäcke gekrochen, da kamen unsere Nachbarn und wollten einen mit uns trinken. Zu spät!

Morgens am Frühstückstisch kommen unsere Zeltnachbarn: Woher? Wohin? – Waas? Bei dem Wetter? Hans und ich lassen die beiden nicht ausreden, sondern fallen ihnen ins Wort: »Es regnet doch dauernd, gestern war der erste schöne Tag, es hat erst abends geregnet.«

»Woher wißt ihr das?«

Es hat dann auch die ganze Nacht gegossen, aber kaum steckten wir den Kopf aus dem Zelt, hörte es auf. Wie üblich um uns herum dicke schwarze Wolken. Wir fielen aber nicht mehr darauf herein, sondern frühstückten in aller Gemütsruhe.

Es wird fürchterlich heiß. Verschwitzt und von Mücken geplagt erreichen wir das Freizeitzentrum Oberrhein. Kühler, geschäftsmäßiger Empfang. Sind wir überhaupt nicht gewöhnt. Computergesteuerter Eingang. Hinter uns kommt noch ein Ehepaar auf Rädern an, auch mit Hänger. Staunend hören wir, daß die beiden von Amsterdam bis zum Bodensee geradelt und nun auf der Rücktour sind. Alle Achtung!

Zelt aufschlagen, duschen, mit Olbas einreiben. Trotzdem halten die Mücken ein Festmahl auf mir. Es werden große, schmerzhafte Quaddeln. Man lädt uns in den Wohnwagen neben uns ein, damit wir nicht aufgefressen werden. Das Übliche Gespräch beginnt: »Woher? Wohin? Waas, bei dem Sauwetter!« Wir unterbrechen: »Heute ist hier der erste schöne Tag«. »Woher wißt ihr das?«

Es wird bei ein paar Flaschen Wein ein sehr gemütlicher Abend. Zum Schlafengehen geht Hans vor, wedelt mit der Hand die Mücken weg, hält das Zelt auf und ich schieße im Affenzahn, Kopf voran aus dem Wohnwagen in das Zelt und lande bäuchlings auf der Luftmatratze.

Am nächsten Morgen hat es doch tatsächlich in den Kaffee geregnet. Beleidigt nahmen wir unsern Tisch und die »Polstergarnitur« (winzige Klappstühlchen) und zogen wieder zum Nachbarn. Nach dem Essen kam die Sonne wieder. Und die Mücken! So flott war ich selten beim Einpacken. Wir verabschiedeten uns herzlich von unseren gastfreundlichen Nachbarn und dem holländischen Ehepaar und entfleuchten.

Weit kamen wir zunächst nicht, unser Weg führte am Übungsplatz der kanadischen Luftwaffe vorbei. Da donnerten die schweren Kampfflugzeuge und die kleinen, schnellen Jäger beim Starten und Landen knapp über unsere Köpfe hinweg. Jedenfalls hatte man das Gefühl, man müsse den Kopf einziehen. Wir knipsten und guckten eine lange Zeit.

Weil die Wege am Rhein wegen des Hochwassers unpassierbar waren, mußten wir durch die Dörfer fahren. Ziemlich spät erreichten wir Rülzheim. Wir waren hungrig wie die Wölfe, aber klebrig vom Autan gegen die Mücken. Der Straßenstaub des ganzen Tages hatte sich darauf festgesetzt. Wir fühlten uns wie Ferkel und sahen auch so aus. Also, noch kein Futter, Zelt aufschlagen und baden. Gleich neben dem Platz lag das Allwetterbad »Moby Dick«. So groß wie zwei Fußballfelder mit allen Raffinessen. Wir waren begeistert.

Muß ich das übliche Abendgespräch noch erwähnen? Es fand sowohl auf dem Zeltplatz wie auch im Moby Dick in der bekannten Reihenfolge und dem gleichen Wortlaut statt.

Wieder muß ich einen Absatz mit »Am nächsten Morgen« beginnen. Ich verspreche aber, mir bald etwas anderes einfallen zu lassen.

Also, am nächsten Morgen rollen wir in Richtung Speyer. Strahlende Sonne läßt die kilometerlangen Sonnenblumenfelder leuchten wie Gold. Ganz einsam ist es. Wir kommen uns vor, als seien wir allein auf der Welt. Alles, was wir hören, ist das leise Singen der Reifen auf dem Asphalt und das Zwitschern der Vögel. Wir genießen die Stille und die Einsamkeit, bis wir an eine Kreuzung kommen, wo gleich drei Pfade abzweigen. »Jetzt müßte ein guter Engel kommen und uns den Weg zeigen«, seufze ich.

»Da kommt schon einer«, sagt Hans. Der Radfahrer zeigt uns den Weg zum Rheindamm und begleitet uns ein Stück. Und wieder das alte Lied. »Ihr habt aber Pech mit dem Wetter« – »Heute ist hier der erste schöne Tag«, sagen wir unisono und fallen vor Lachen fast vom Rad. Der Wege-Engel guckte uns verdutzt an. »Woher wißt ihr das, und warum lacht ihr so?«

Der nächste Radfahrer ist sehr schnell, er holt uns ein, doch ehe wir ihn sehen, hören wir ihn lachen.

»Das gibt es doch nicht! Zwei aus dem Wiehengebirge!«

Wir hatten natürlich Lübbecke auf dem Hänger stehen, gleich unter dem Schild »Long Vehicle«, was allen uns überholenden Autofahrern ein Grinsen entlockte.

Der Mann kam aus einem Nachbardorf und wir fanden sogar gemeinsame Bekannte. Er fuhr mit uns auf dem kürzesten und bequemsten Weg zum Dom. Ich nannte ihn den Dom-Engel.

Der Dom zu Speyer! Soviel hatte ich schon darüber gehört und gelesen. Andächtig traten wir ein. Die Atmosphäre wirkte so stark auf mich, daß sich mir die Haare aufstellten. Während der ganzen Zeit im Dom behielt ich ein Kribbeln im Nacken und einen leichten Schauder. Ich fühlte die gewaltige Vergangenheit dieses Gotteshauses so stark, daß ich mich nicht gewundert hätte, wenn einer der deutschen Kaiser mit samt seinem Gefolge aufgetaucht wäre.

Zwischen Speyer und Otterstadt sollte ein Zeltplatz sein. Es war schon nach achtzehn Uhr, als wir von der Straße aus so etwas wie einen Zeltplatz sahen. Nur eine Einfahrt oder ein Hinweisschild, das fanden wir nicht. Es war warm und windstill, die Mücken entwickelten wieder einen guten Appetit. Auch hatten wir nichts mehr zu trinken. Und kein Mensch in der Nähe. Ich setzte zu einem Seufzer nach dem nächsten Engel an, da radelte schon einer um die Ecke. Wir erfuhren, daß dies kein öffentlicher Platz war, sondern Clubeigentum.

»Macht nichts, sagen sie uns nur, wo wir jetzt noch eine Flasche Wein kaufen können, dann suchen wir uns irgendwo ein stilles Eckchen.«

»Tja, zum Einkaufen ist es schon zu spät, hier machen sie um sechs Uhr zu. Was wollt ihr für Wein, weiß, rot, trocken oder süß?«

»Weiß und trocken«, platze ich heraus. Hans guckt mich strafend an, aber der Mann ist schon weg und ruft nur noch zurück: »Bin gleich wieder da, fahrt man hier lang!«

Er kommt zurück und bringt eine Literflasche »Friesenheimer Gerümpel«, Korken schon gezogen, Flasche beschlagen. Er wehrt Geld und Dank ab, zeigt uns noch mal die Richtung für unser stilles Eckchen und verschwindet. Das war unser Wein-Engel.

Dann kam der Platz-Engel. Das war ein Mann, den wir auf diesem Wege trafen, dem ein Grundstück an einem Baggersee gehörte. Er führte uns dorthin.

Zelt aufschlagen, Klamotten herunter und hinein in den See. Es war so einsam, Badeanzug war nicht vonnöten.

Wir sind wieder einmal allein auf der Welt, sitzen vor dem Zelt und trinken den köstlichen, kühlen Wein. Der See schimmert rosig im Abendlicht, eine frische Brise vertreibt die Mücken. Eine Entenmutter mit Nachwuchs paddelt vorbei. Es ist ganz still.

Zum Abendbrot haben wir das Brot mit dem Teelöffel essen müssen. Als wir nämlich am Nachmittag die atemberaubende Geschwindigkeit von dreißig Stundenkilometern fuhren, rollte ein Rad des Hängers über einen Erdklumpen. Die Deichsel sprang aus der Kupplung, krachend stürzte der Hänger um und blieb mit nachdrehenden Rädern umgekehrt liegen. Nichts kaputt, nur die Futtertasche, die oben drauf festgezurrt war, war platt. Brot mit dem Löffel, Wurst aus der Hand, geht auch.

In der Nacht versuchte wohl ein Kaninchen, sich unter dem Zelt durchzugraben. Grabbel, grabbel, ratsch, ratsch. Ob wir sein Heim zugebaut hatten? Morgens früh setzte sich ein Vogel auf das Zelt und sang sein Morgenlied. Er schmetterte begeistert, bis er eine falsche Bewegung machte und auf dem glatten Nylon abrutschte. Mit einem empörten Quitscher flog er davon.

Wir hüpften noch vor dem Frühstück in den See.

Um zehn Uhr rollten wir in Richtung Worms. Zum ersten Mal gegen den Wind. Dann mußten wir drei Kilometer zurück bergauf, man hatte inzwischen von dem kleinen Nebensträßchen, das auf unserer Karte eingezeichnet war, eine Autostraße gemacht. Schimpfend kehrten wir um.

Auch den Dom zu Worms besichtigen wir. Im Geiste sehe ich die beiden Königinnen am Domportal, Kriemhild, Siegfrieds Gemahl und Brunhild, Gunters Ehegespons sich mißgünstig belauern.

Wir schlendern durch die Stadt, kaufen Eis und setzen uns auf eine Bank in der Sonne. Ein Mann setzt sich dazu und spricht uns an: »Woher? Wohin? Da habt ihr aber Pech mit dem Wetter, heute ist« – »der erste schöne Tag«, vollenden wir lachend. »Woher wißt ihr das?«

Er empfahl uns, nicht zum Campingplatz zu fahren, sondern zum Gelände der Wasserfreunde Worms. Hans meckert, er will da nicht hin. Als es dann noch über Kopfsteinpflaster geht, daß einem fast die Zähne wackeln, ist er endgültig sauer. Ich setze mich durch, wir fahren hin. Werden freundlich aufgenommen, bekommen im Clubhaus sogar noch ein warmes Essen und sitzen mit den Sportlern noch eine Weile zusammen.

Das Zelt steht direkt am Wasser, so wir es lieben, wir haben den ganzen Platz für uns allein. In den Duschräumen steht noch der Schlamm vom Hochwasser, aber wir müssen ja nicht jeden Abend duschen, waschen reicht mal.

Morgens regnet es. Wir ziehen nur die Heringe heraus und tragen das ganze Zelt unter das Vordach des Bootsschuppens. Da können wir Kaffee kochen und gemütlich frühstücken. Und trotz Regen im Trocknen abschlagen. (Ätsch, Hansi, auf dem Campingplatz hätten wir keine überdachte Terrasse mit Blick auf den Rhein.) Als wir fertig sind, scheint die Sonne wieder.

Die Halterung meines Rückspiegels gab ihren Geist auf. Wir gingen in ein Fahrradgeschäft, um einen neuen Spiegel zu kaufen. Kaum drin, begann es zu gießen. Der gute Mann warf uns nicht hinaus, obwohl gerade Geschäftsschluß war, Samstag, dreizehn Uhr, sondern lud uns in sein Büro ein, kochte Tee, wir aßen unser Brot und erzählten. Es hörte nicht auf. Wir puhlten unser Regenzeug heraus, zogen es über und fuhren los. Kaum aufgesessen, kam die Sonne. Regenzeug ausziehen. Eine Stunde später fing es wieder an. Regenzeug anziehen. Wieder eine Stunde später: Sonne, Regenzeug ausziehen. Bei MAN fragten wir nach dem Weg, blieben einen Moment im Werkschutzraum sitzen. Da haute ein richtiger Platzregen herunter. Ha, nicht noch mal umziehen.

Von nun an war die Straße am Rhein für Radfahrer gesperrt,

was mich fürchterlich wurmte. Ich begreife auch solche Maßnahmen nicht. Jedenfalls mußten wir jetzt bergauf und bergab durch die Dörfer. Am Spätnachmittag rollten wir auf den Platz »Maar-Aue« in Mainz. Inzwischen war es wieder warm geworden, was die Mücken zu unglaublicher Aktivität anstachelte. Wir waren bis in die Haare mit Autan eingesprüht und lachten Hohn.

Wir saßen gemütlich beim Abendbrot, als sich ein Mann zu uns gesellte. »Woher? wohin?« (Tatsächlich kam einmal nicht der Spruch vom Wetter,) »Ach, es ist zu schade, aber für so etwas bin ich zu alt!«

Scheinheilig fragte ich: »Wie alt sind Sie denn?«

»Ich bin schon zweiundfünfzig«, er gab an, als sei er neunzig.

»Ich bin fünfundfünfzig«, gab ich nun meinerseits kräftig an.

»Hä?« Lange Pause. »Glaub' ich nicht. Aber gestatten Sie mal –«. Ehe ich wußte, wie mir geschah, hatte er mir die Brille von der Nase genommen und zog mein unteres Augenlid herunter, wie einem kranken Köter.

»Nicht zu fassen«, murmelte er und entschwand kleinlaut. Mir hatte es die Sprache verschlagen, Hans hing im Stuhl und schrie vor Lachen. Ich rätsele heute noch, wie man das Alter eines Menschen am Augenlid erkennen kann.

Weil die Bundesstraße von Mainz bis Köln keinen Radweg hat und wir ja schließlich das schönste Stück vom Rhein sehen wollen. anstatt weitab über die Dörfer zu gurken, beschließen wir, mit dem Schiff zu fahren. Fallen fast um vor Schreck, als wir den Preis hören: Dreihundertsechzig Mark!! Ob die sich jede Sehenswürdigkeit einzeln bezahlen lassen? Hans gibt seinem Herzen einen Stoß und zückt einen Euroscheck. Wir richten uns am Bug häuslich ein und rühren uns die zehn Stunden da nicht weg. Außer zum Nachschub holen. Wir rechnen aus, daß wir bisher alle fünfzig Kilometer eine Flasche Wein getrunken haben. Jetzt haben wir hundertfünfzig Stromkilometer vor uns. Pünktlich alle fünfzig Kilometer ist eine Flasche leer. Mittagessen hole ich aus dem Restaurant, zur Kaffeezeit Kuchen. Zwischendurch kommt ein Regenschauer. Wir ziehen Regenzeug über und lachen und singen und trinken weiter. Irgendwann fällt mir jemand lachend um den Hals. Das Holländerpaar vom Oberrhein! Sie sind in Bingen auf das Schiff gekommen.

Pünktlich um achtzehn Uhr legt die »Stolzenfels« in Köln an. Abschied von den Holländern und wir rollen über die Rheinuferstraße nach Bayenthal. Hans will seine Bundesbrüder besuchen. Im Haus der »Burschenschaft Germania zu Köln« fröhlicher Empfang, eine Flasche Wein und Abendbrot. Es wird viel zu spät, um noch zum Zeltplatz zu fahren. Außerdem, Trunkenheit am Lenker ist, glaube ich, auch strafbar. Wir übernachten im Burschenhaus. Finde ich zwar nicht gut, weil ich das ganze Jahr über im Haus schlafen muß, aber was will man machen.

Leicht verkatert machten wir uns auf den Weg nach Düsseldorf. Kilometerweit immer durch Industriegebiete. Hier ist der Rhein voll eingeklemmt in die Anlagen der Großindustrie. Ach, was war es doch schön am Altrhein! Erst am Nachmittag haben wir den Rhein wieder und steuern den nächsten Zeltplatz an. Man hatte ihn geschlossen, wegen mangelnder Hygiene. Sechs Kilometer zurück. Wer kommt uns entgegen? Das holländische Ehepaar. Jetzt tauschen wir Adressen aus und verabschieden uns zum dritten Mal. Neben dem nächsten ist Schützenfest, wollen wir nicht. Noch einen weiter. Dort sehen wir uns verdutzt um. Keine Rezeption, kein Schlagbaum, kein Kiosk. Wir rollen über den wie ausgestorben daliegenden Platz. Endlich kommt eine Frau aus einem Wohnwagen. »Dies ist nur ein Platz für Dauercamper«, sagt sie und fügt hinzu: »Aber jetzt sind alle weg, wegen des Wetters, es regnet seit zwei Wochen, heute ist der erste schöne Tag.« Na, den Spruch kennen wir ja.

Der Platzwart war auch der Fährmann für die Fähre nach Benrath, die direkt vom Platz abgeht. Ein alter Mann mit einem jungem Gesicht kommt vom Anleger. Wir erleben einen Platzwart, der noch nie das Wort »Euroscheck« gehört hat, der den Schlüssel zum Waschraum in einer Blumenschale auf dem Dach versteckt, der Pfandkärtchen für Bierflaschen ausgibt und eine geschlagene halbe Stunde braucht, um unsere Personalien einzutragen. Es gibt keine Duschen, kein warmes Wasser und die

Kneipe nebenan macht erst Freitagabend auf. Der Platz heißt »Pitt Jupp« und war der ruhigste, den wir je hatten.

Wir setzen mit der Fähre, die auch Pitt Jupp heißt (ob unser Platzwart auch so heißt?), nach Benrath über und besuchen die Bundesgartenschau. Wunderschön, aber nach ein paar Stunden fange ich an zu jaulen. Meine Füße brennen, mein Rücken tut weh, ich will nicht mehr laufen. Nach sieben Stunden Radfahren mit vollem Gepäck bin ich nicht halb so kaputt wie jetzt. Zurück zum Platz. In der Zwischenzeit sind noch mehr Kurzcamper angekommen. Links von uns ein junger Franzose, rechts ein italienisches Ehepaar. Wie lange der Platzwart wohl zum Eintragen gebraucht hat?

Die Sonne scheint am andern Morgen, aber der Wind ist kalt. Der Franzose hockt mit gekreuzten Beinen vor seinen Campingkocher und rasiert sich aus dem Kaffeetopf. Schimpft, daß es kein warmes Wasser gibt. Hans hat seit dem letzten Radurlaub mit Wildcampen einen Batterierasierer. Wir sitzen vor dem Zelt und frühstücken. Die Fußballwiese sieht aus wie ein Smaragdteppich mit Diamanten besetzt. Es riecht nach frischgemähtem Gras. Von vorne wärmt die Sonne schon richtig schön, aber im Rücken möchte man mit den Zähnen klappern.

Von nun an sind wir auf dem Rückweg.

Erst mal wieder durch das Industriegebiet. Als wir über eine Brücke bei Degussa fahren, quellen uns fast die Augen aus dem Kopf. Auf der Brücke stehen einsam zwei nackte, kahlköpfige Menschen. Nanu? Nähergekommen, sehen wir, was los ist. Es sind Schaufensterpuppen und aus einen Wagen tauchen Leute auf mit Plünnen und Kameras. Modefotos werden gemacht.

Endlich sind wir wieder am Rhein. Ein Radweg direkt am Wasser, so direkt, daß man aufpassen muß. Ein Schlenker mit'm Lenker – und man liegt drin.

Wir werden immer langsamer. Nicht wegen Müdigkeit oder Gegenwind, Wir haben keine Lust, heim zu fahren.

Alle paar Kilometer will einer eine Kaffeepause, eine Zigarettenpause oder muß mal. Oder will einfach bloß gucken. So gondeln wir gemütlich nur bis Rodenkirchen. Unterwegs kippt uns nochmal der Hänger um. Allerdings ohne Brot darauf. Wir suchen und finden eine Werkstatt, mit einer Rohrzange wird alles wieder in Ordnung gebracht.

Als erstes nach dem Zeltaufschlagen verschwinden wir in den Duschräumen. Nach drei Tagen endlich wieder heißes Wasser. Fast verhungern wir unter der Dusche, so lange stehen wir darunter.

In der Nacht wache ich auf und friere wie ein Schneider. Ich versuche, mich warm zu zittern. Geht nicht. Schließlich angele ich mir im Dunkeln meinen Jogginganzug und versuche ihn anzuziehen, ohne aus dem Schlafsack zu müssen. Es wird eine artistische Glanzleistung.

Morgens hören wir. daß sogar die Leute im Wohnwagen gefroren haben. Es waren nur neun Grad in der Nacht. Bä!

Die Sonne scheint, es ist wieder warm. Wieder am Rhein, versuchen wir, die Schiffe zu überholen. Doch wird es uns immer wehmütiger zu Sinn. Eigentlich sollten wir heute bei meiner Schwester in Aegidienberg ankommen. Wir bummeln aber so, daß es nur noch bis Mehlem reicht. Dort zelten wir noch einmal. Abends wird es wieder kalt. Wir sitzen vor dem Zelt, trinken Wein und frieren. Aber können keinen Schluß finden. Es ist die letzte Nacht im Zelt. Erst als der Tau fällt und die Kleider feucht werden, krabbeln wir in die Schlafsäcke.

Wir nehmen die Fähre nach Königswinter, dort fragen wir nach der Straße nach Aegidienberg. Ungläubige Gesichter: »Mit dem Gepäck und dem Hänger über die Margaretenhöhe? Unmöglich!«

Hilft nichts, es gibt keinen andern Weg, hinüber müssen wir. Aber es ist noch ein junger Morgen und wir haben Zeit. Tapfer schieben wir los. Wir wissen nicht, wieviele Kilometer, noch wieviel Prozent Steigung.

»Ruhen wir uns zwischendurch aus«, sagen wir. Geht aber nicht. Die Straße ist zu schmal, kein Seitenstreifen, rechts und links Leitplanken. Endlich geht nach fast zwei Stunden ein Seitenweg ab. Nichts wie 'rein, klatschnaß geschwitzt werde ich in die Notfalldecke eingerollt. Wie eine überdimensionale silberne

Zigarre liege ich am Straßenrand. Die Autofahrer verrenken sich den Hals nach mir. Nach einer halben Stunde geht es weiter. Es werden nur noch anderthalb Kilometer, dann rollen wir glücklich bergab gen Ittenbach. Nun noch eine kleine Steigung bis Aegidienberg, gegen die Margaretenhöhe ein Kinderspiel.

Um zwei Uhr stehen wir bei meiner Schwester vor der Tür.

»Ihr armen Kinder«, begrüßt sie uns, »warum habt ihr denn nicht angerufen, daß ich euch hole bei dem Sauwetter? Es hat ja die ganzen vierzehn Tage geregnet!« – »Heute ist der erste schöne Tag.« »Stimmt, aber woher wißt ihr das und wieso seid ihr so braun?«

Wir wissen es ganz genau: Mit die Dummen ist Gott, und ich hatte ja den Hans mit. Murmelt der in seinen Bart: Ich hatte ja meine Frau mit!

Geradelte Kilometer: <u>680 km</u>

Radtour von München nach Lübbecke

»Streichholzlang«, sagte ich. »Wie, bitte?« fragte der Friseur. Als höflicher Mann sagte er nicht, was er dachte, nämlich: »Sind Sie wahnsinnig geworden?« »Wir machen wieder einen Radfahrurlaub, da kann ich keine langen Haare brauchen.« Während er eifrig an meinen Locken herumschnippelte, fragte er, wohin wir fahren würden. »Von München nach Lübbecke« sagte ich. Erst fiel ihm der Unterkiefer herunter und dann die Schere in meinen Ausschnitt. Ähnliche Reaktionen erlebte ich von nun an öfter, wenn ich unsere Urlaubspläne erwähnte. Von: »Ihr seid total verrückt geworden« bis »Wohl ein bisken Sand im Radar!«

Wir ließen uns nicht beirren. Am 20.07. schwangen wir uns auf die vollbepackten Räder und rollten an unseren verdutzten Yachtclubfreunden vorbei am Kanal entlang in Richtung Minden. Der Fahrstuhl hievte uns auf den Bahnhof und unter Aufsicht eines Beamten fuhren wir über die Gleise zu unserem Bahnsteig. In Hannover hatten wir Gelegenheit, die Hektik und den Rummel in den unterirdischen Versorgungsstraßen eines großen Bahnhofes kennen zu lernen, als ein Mann von der Bahnpolizei uns zu unserem Zug hindurchschleuste. Am andern Morgen kamen wir gut ausgeschlafen in München an. Nach einem ausgiebigen Frühstück machten wir uns auf zum Campingplatz. Unser Weg führte uns an Infratest vorbei, wo ich erst Herrn Bliesch meine Aufwartung machte. Er empfing mich sehr freundlich und wir plauderten eine Weile. Mit meinem Regionalleiter, Herrn Witzmann, verabredeten wir uns zum Mittagessen. Nachdem wir den Zeltplatz mit Hilfe des Stadtplanes gefunden und das Zelt aufgebaut hatten, wurde die Zeit knapp. Wir knallten die »Fleppen 'rin ins Zelt«, flitzten wieder in die Stadt und kamen gerade noch pünktlich an. Es wurde eine sehr fröhliche Mittagsstunde in einem Gartenrestaurant. Meine Vermutung, daß ich bestimmt den nettesten Regionalleiter von Infratest erwischt habe, bestätigte sich.

Nachmittags hatten wir uns mit einem befreundeten Ehepaar verabredet. Das ging zeitlich »voll in die Hosen«. Nichts klappte und als wir endlich abends im Biergarten saßen, war es schon fast dunkel. Gegen Mitternacht machten wir uns auf den Rückweg. Hans fluchte ganz entsetzlich, weil es so spät geworden war und wir jetzt zwölf Kilometer durch die Stadt im Dunkeln unsern Weg suchen mußten. Wir brauchten fast zwei Stunden und als wir am Zelt ankamen und sahen, daß erst noch aufgeräumt und die Luftmatratzen aufgeblasen werden mußten, da war der Ofen ganz aus. Wir gifteten uns an wie zwei wütende Kampfhähne und dachten auch nicht an die schlafenden Nachbarn. Bis wir alles fertig hatten und uns wieder vertragen hatten, wurde es schon fast wieder hell. Wir schliefen dann auch sehr lange und rollten erst gegen zwölf Uhr vom Platz in Richtung Augsburg. Es war sehr heiß, der Weg führte immer durch Berg und Tal. Zwar nicht sehr steil, aber wenn die Steigungen sich zu lang hinzogen, mußten wir doch schieben, schließlich wollten wir uns nicht schon am ersten Tag einen Muskelkater holen. Ich ritt nicht nur mein Stahlroß, sondern auch den Pegasus. Alle paar Kilometer verlangte ich eine Pause, um die bis dahin gebastelten Verse aufzuschreiben, weil ich nicht mehr als vier Zeilen im Kopf behalten konnte, was Hans zu einer äußerst diskriminierenden Spekulation über die Leistungfähigkeit meiner Gehirnzellen veranlaßte. Trotz dieser Zeitverluste erreichten wir nach 63 Kilometern unser Tagesziel, den Campingplatz Augusta am Autobahnsee Augsburg Ost. Zuerst hüpften wir zur Abkühlung in den See, Zelt aufbauen, Abendbrot essen und bei Mondschein nochmal in denselben, und am Morgen vorm Frühstück ein Bad in der Morgensonne. Fröhlich radelten wir gegen zehn Uhr wieder los.

Jetzt hatten wir ebene Straße. Kein Windhauch regte sich und die Hitze stieg flimmernd vom Asphalt auf. Nach drei Stunden wurde mir übel, die Straße schien zu wackeln. Nirgends gab es Schatten. Standhaft hielt ich durch, bis wir in Rain am Lech die ersten Bäume erreichten. Dann lag ich eine Weile japsend auf der Notdecke und ließ mich von Hans mit Wasser aus unserem Wassertank begießen. Als wir das Städtchen wieder verließen, wurde uns schnell klar, daß wir heute keinen Zeltplatz erreichen würden. Es waren inzwischen fast vierzig Grad im Schatten und es wurde wieder bergig. Ich hoffte auf nette Menschen, die uns einen Platz auf ihrer Wiese geben würden. Wir fanden sie. In Gansheim auf einem großen Hof. Wir durften duschen, wurden zum Abendessen eingeladen, zu einigen Flaschen köstlichem Rotwein und last not least, auch am nächsten Morgen zum Frühstück. 45 Kilometer hatten wir geschafft in der Hitze.

Am nächsten Morgen hatte es sich etwas abgekühlt, aber es blieb bergig. Schwarze Wolken zogen unheildrohend um uns herum, aber es blieb genau so lange trocken, bis wir in Pappenheim den Zeltplatz erreicht und das Zelt aufgebaut hatten. Als die letzte Packtasche drin war, ließ der Wolkenengel aufatmend los, und es prasselte ein kräftiges Gewitterschauer nieder. Fast eine Stunde donnerte und blitzte es. Wir bedauerten die Kanuwanderer, die klatschnaß anlegten (der Platz lag direkt an der Altmühl) und ein durchnäßtes Zelt aufbauen mußten. Brrrr! Am Morgen hatte ich meinen weißen Sonnenhut verloren, als nun am andern Tag die Sonne wieder schien, setzte ich mir die leere Brötchentüte auf den Kopf, um, wie mein lieber Mann es formulierte, die wenigen Zellen, die mein Gehirn darstellen sollten, nicht der Gefahr einer totalen Erweichung auszusetzen. Als ich zur Rezeption ging, um zu bezahlen, wieherte das Volk vor Vergnügen und die Ehefrau des Campingwartes befahl ihrem Mann: »Albert, gib der Frau deinen Sonnenhut, so kann sie nicht losgehn, du kriegst von Fritz 'nen neuen«, so kam ich zu einem neuen Hut, den ich, es sei gleich gesagt, zwei Tage später wieder verlor. Drei Tage fuhr ich dann noch mit Brötchentüte, dann hatte ich mich an die Sonne gewöhnt.

In Pappenheim hatten viele von einem Platz in Leutershausen geschwärmt. Sie hatten nicht übertrieben, wir wurden mit Freudengeschrei empfangen, bekamen eine Flasche Wein zur Begrüßung und wurden gleich für den nächsten Abend zum Vesper eingeladen. Bezahlen brauchten wir überhaupt nichts. Und warum? Diese Leute kämpften um den Erhalt dieses Freibades, das war es nämlich, und kein Campingplatz. Der Bürgermeister aber hatte dies idyllische Fleckchen an einen Industriebetrieb verhökert, der nun da bauen wollte, direkt an der Altmühl. Natürlich blieben wir, fuhren am nächsten Tag nach Rothenburg ob der Tauber.

Drei Stunden tigerten wir in der Stadt herum bei 30 Grad im Schatten, wobei ich jede sich bietende Sitzgelegenheit einschließlich Bordsteinkanten, ausnutzte (Gehen ist eine schreckliche Fortbewegungsmöglichkeit!). Auf dem Rückweg machte ich schlapp. Wir kamen sehr spät zum Platz zurück. Aber es wurde ein feuchtfröhlicher Abend.

Am nächsten Tag saßen wir drei Stunden bibbernd in einem Steinbruch und wetterten ein Gewitter mit sintflutartigen Wolkenbrüchen ab. Dann ging es immer an der Tauber entlang. Die Schönheit dieser Flußtäler zu beschreiben, erübrigt sich. Wer nicht selbst langsam und besinnlich hindurchradelt oder wandert, der kann sich keine Vorstellung machen. Mit dem Auto kriegt man nicht mal die Hälfte mit.

Mein Rücktritt blockierte plötzlich. Gaaanz vorsichtig fuhren wir bis zum nächsten Dorf. Nach längerem Herumfragen fanden wir eine Werkstatt ohne Monteur. Den besorgte dann der Wirt des Gasthofes, dem wir beim Essen unser Leid klagten. Erst nach drei Stunden konnten wir weiterfahren. Den nächsten Platz konnten wir nun nicht mehr erreichen, aber wir fanden eine stilles Plätzchen an der Tauber zwischen Königshofen und Lauda, gerade weit weg genug von der Straße, daß man uns nicht sehen konnte. Es war wunderschön, und ich mußte es sofort wieder bedichten.

In den nächsten Tagen wechselte das Wetter dreimal täglich, man war hauptsächlich mit Umziehen beschäftigt. Kurz vor Gmünd riß mein Bowdenzug (das Seil von der Gangschaltung). Es war Samstagnachmittag und wir bezweifelten, daß uns heute noch jemand helfen würde. Daß der Bowdenzug doch noch repariert wurde, und zwar von einem Bankdirektor, der eigentlich auch nicht viel davon verstand und zudem noch seine Brille vergessen hatte, ist eine lange ausführliche Erzählung, die an Komik kaum zu überbieten ist, ich lasse sie hier aber weg, sonst wird der Bericht nie fertig. In Gmünden blieben wir einen Tag zum Ausruhen. Wir ahnten ja nicht, was auf uns zukam. Es war Burgfest in dem Städtchen und unser Zelt stand so im Schallpegel der Kapelle, daß wir ebenso gut neben dem Schlagzeuger hätten schlafen können. Es war entsetzlich. In der zweiten Nacht brannte bei mir die Sicherung durch. Ich schnappte mir meine Luftmatratze, meinen Schlafsack, lud beides auf mein Fahrrad und fuhr zum nächsten Zeltplatz, der war nur einen Kilometer weit, und kroch da in ein leeres Vorzelt, um wenigstens ein paar Stunden Ruhe zu haben. Der Teufel hole die Technik, die uns die Verstärker beschert hat. Warum wir nicht nach der ersten Nacht auf den andern Platz gegangen sind? Wir ahnten ja nicht, daß Sonntagnacht ein noch lauterer Zirkus losgehen würde als am Samstag. Etwas unausgeschlafen und nöckelig ging es am nächsten Tag in den Spessart. Es war wieder sehr heiß, aber inzwischen war ich daran gewöhnt, und ich baute nicht mehr ab. Der Campingplatz in Oberzell war kaum belegt und wunderbar ruhig. So tief hatte ich lange nicht geschlafen, das war auch nötig, denn in der nächsten Nacht waren wir auf einer sehr romantischen Wiese, die aber, wie wir etwas zu spät feststellten, ein Kilometer von einem Hubschrauberübungsplatz der Air Force lag. Und der Kommandant hatte beschlossen, Nachtübungen fliegen zu lassen. Da war es aus mit der Romantik und der Nachtruhe.

Unsere nächste Station war Bad Hersfeld. Wir hatten nun das Fuldatal erreicht. Frankenhöhe, Spessart und Rhön lagen hinter uns, wir waren mächtig stolz auf uns und glaubten, nun wird es leichter. Nie unterlagen wir einem größeren Irrtum. Es gab keinen Radweg in diesem vermaledeiten Tal. Rechts und links des Flusses nur Felder und kurze Wirtschaftswege, die mitten drin aufhörten. Die Straße führte weit weg vom Fluß ständig auf und ab, aber nicht etwa an den flachen Stellen, nein, immer über den höchsten Punkt. Wenn das Wetter besser gewesen wäre, hätte man wenigstens noch eine schöne Aussicht genießen können, aber zu allem Unglück goß es in Strömen und wir hatten kräftigen Gegenwind.

Dann ging auch noch mein Tacho kaputt. Das Fahrradgeschäft lag in der Fußgängerzone von Bad Hersfeld und die war vollgestopft mit Menschen. Na, und nun wir mittendrin mit unserem Hänger. Die meisten nahmens mit Humor und grinsten hinter uns her. Trotzdem waren wir ziemlich genervt, als wir endlich den Campingplatz erreichten. Ich hatte lange nicht in den Spiegel geguckt. Als auf meine Frage nach den Toiletten die Gegenfrage: »Herren oder Damen?« kam, war ich doch sehr erschüttert. Im Waschraum stand ich vorm Spiegel und besah mich. Ehe ich zu einem endgültigen Resultat kommen konnte, wurde die Tür aufgemacht und ein junges Mädchen kam herein, starrte mich entsetzt an, rannte zur Tür, öffnete sie und kontrollierte, was draußen dranstand. Kam erleichtert wieder herein, lächelte mir entschuldigend zu und zog sich aus. Etwas gequält lächelte ich zurück und verzichtete auf eine weitere Bestandsaufnahme. Mein lieber Mann stellte unbarmherzig fest, auf dem Kopf sähe ich aus wie ein Uhu nach einem Waldbrand. »Und du wie ein mißhandelter Rasierpinsel«, gab ich gekränkt zurück. Nach einer heißen Dusche, die den Eindruck machte, als sei sie schon von Cäsars Legionen benutzt worden, fanden wir unsere gute Laune wieder. Lange konnten wir den Abend vorm Zelt nicht genießen, es war einfach zu kalt. Schaudernd angelte ich mir am nächsten Morgen meine langen Unterhosen und stopfte erst alles in meinen Schlafsack zwecks Erwärmung. Beim Frühstück stand unser Entschluß fest, dies alberne Fuldatal per Bahn zu durchqueren. Wir sind zwar hart im Nehmen, aber Berge, Kälte, Gegenwind, Regen und denn kein Radweg, das ist zuviel. Zum ersten Mal mußten wir das Zelt naß einpacken. Macht keinen Spaß. Beinah hätten wir dann noch den Zug verpaßt, weil der Mensch, der uns über die Gleise bringen sollte, uns vergessen hatte. In letzter Minute kam ein Zugführer und half uns. Grade hatten wir es uns recht bequem gemacht und genossen die gemütliche Art der Fortbewegung, da gab es einen kräftigen Rumms und der Zug stand. Nachdem wir unsere Knochen sortiert hatten, steckten wir die Köpfe aus dem Fenster. Ein Pferd stand auf den Gleisen zwischen den Schranken!!! Was heißt »stand«, es tobte wie verrückt herum. Als die Polizei anrückte, warf es noch einen ängstlichen Blick zurück, sprang über die

Schranken und raste in Panik die Landstraße entlang, den Autos entgegen. Der Zug fuhr weiter, so konnten wir nicht erfahren, ob alles gut gegangen ist.

In Kassel mußten wir umsteigen, Hans hatte inzwischen die Karte nochmal gründlich studiert. »Wir hätten zur rush hour durch Kassel müssen, wenn wir nicht die Bahn genommen hätten«, stellte er fest. Na, das wäre eine Schinderei gewesen, ich bezweifle, ob wir das unbeschadet überstanden hätten. In Hannoversch-Münden angekommen, schien die Sonne wieder, es gab wieder einen schönen Radweg am Fluß entlang und wir radelten beschwingt drauflos bis zum Campingplatz Oberweser-Weißehütte. Der Platz war gähnend leer. Wir waren mal wieder allein auf der Welt. Schön! Von jetzt an lief es wie geschmiert. Fast immer an der Weser entlang auf einem Radweg. Siebzig und achtzig Kilometer am Tag waren keine Schwierigkeit mehr. Hart wurde es erst wieder, als wir in Porta Westfalica die Weser wieder verließen und am Wiehengebirge entlang in Richtung Lübbecke fuhren. Es war wieder sehr heiß. Nach jeder Steigung saßen wir erst eine Weile am Straßenrand, unsere Beinmuskeln signalisierten unmißverständlich, daß es nun genug sei. Die letzte Steigung, der Ziegeleiweg (was wohnen Naumanns auch so hoch am Berg)! »Soll ich dir helfen?«, fragte Hans scheinheilig, als ich das Rad stöhnend um die Steilkurve drückte. »Ich bin allein hierunter gefahren und fahre auch persönlich allein wieder rauf«, tat ich entrüstet. Oben angekommen zuerst ein Blick auf den Tachometer. 850 Kilometer waren wir geradelt. Wenn wir die Strecke von Bad Hersfeld nach Hannoversch-Münden nicht mit dem Zug gefahren wären, wären 1000 Kilometer davon geworden. Zum Angeben hätte sich das viel besser angehört. Aber das liegt uns ja beiden überhaupt nicht! (Hat da jemand gehustet?)

Radtour von München nach Lübbecke

Wir wollen durch Deutschland fahren
Von München bis nach Haus.
Und gibt's auch manche Gefahren,
Wir machen uns nichts draus.
Ein Zelt und unsere Räder,
Ein bißchen Leichtsinn im Blut,
Ein Hintern wie aus Leder,
So finden wir es gut!

Unterwegs

Es singen die Räder, es weht der Wind,
Straße und Sonne, wie heiß sie sind!
Taktmäßig treten wir die Pedale
Viele hundert und tausend Male.
Wir sind nicht für das schnelle Rasen
Mit häßlich stinkenden Auspuffgasen.
Sind keine Kilometer-Fresser,
Ruhig und sinnig ist viel besser!
Am Straßenrand blühen die Blumen so schön;
Am Himmel die weißen Wolken ziehen.
Es wiegt sich das Korn in sanfter Welle,
Am Waldrand murmelt und flüstert die Quelle.

In der Rhön

Aus allen Poren strömt der Schweiß,
Die Sonne knallt, 's ist glühend heiß.
Oft müssen wir die Räder schieben,
Was wir im Grunde gar nicht lieben.
Geht's mal bergab, mit vierzig Sachen
Da kann das Herz im Leibe lachen.
Es pfeift der Wind und kühlt uns ab,
Hei – wie gern fahr'n wir bergab.

Abends vorm Zelt

Wie klar ist der Himmel – wie schön ist die Welt
Wie herrlich ist's unterm Sternenzelt!
Eingehüllt in sanfte Schleier.
Der Nebel hält die Abendfeier.
Der Becher Wein ist ausgetrunken,
Wir sind in Träume noch versunken
Von diesem wunderschönen Tag.
Was nun wohl morgen kommen mag?

Morgens früh

Man krabbelt morgens aus dem Zelt,
Und guckt verschlafen in die Welt.
Dann schnappt man sich ein Badetuch,
(ein mittelgroßes ist genug)
Und schlendert dann so ganz gemächlich,
(schließlich hetzt man sich sonst täglich)
Zum See. Und mit Begeisterung
Tut man ins Wasser einen Sprung!

Neben uns badet die Morgensonne,
Sie funkelt und glitzert und lacht vor Wonne.
Dann geht es zurück zu Brot und Kaffee.
Die Sonne badet noch immer im See.

Im Fuldatal

Kein Radweg hier im Fuldatal,
Das gibt's doch nicht – verdammt nochmal!
Weit weg von Fluß, bergauf, bergab,
Wir schimpfen beide nicht zu knapp.
Die Beine werden immer müder,
Verstummt sind meine munt'ren Lieder.
Dicht und stetig fällt der Regen,
Der Wind bläst kräftig uns entgegen.
Die Luft kühlt ab, nachts nur 8 Grad,
Da hätt' man gern ein heißes Bad.
Ich schnapp' mir lange Unterhosen,
Verschmähe kaltes Bier in Dosen.
Der Kampf ist hart – mir wird schon bang,
Die Steigungen sind endlos lang
Für heut' ist Schluß, 's strengt zu sehr an
Zur Weser fahr'n wir Eisenbahn!

Abends am Fluß

Noch funkelt das letzte Sonnengold
Über den dunklen Bergen,
Frau Luna lächelt uns so hold,
Und will unsere Seelen umwerben.
Das Zelt steht am Fluß auf der Wiese allein,
Da findet die Seele Frieden.
Wir schauen uns an, schön ist es zu zwein
und herrlich, das Leben zu lieben.

Ruhig strömt der Fluß,
Die Wiese schweigt,
Und rosig wird der Himmel.
Die Weiden neigen die Zweige still
Ins dunkle Wasser hinab.
Der Nachtengel küßt unsere Stirne sacht.
Wir wissen, daß er unser Zelt bewacht.

Abschied

Sechzehn traumhafte Tage –
Wir waren allein auf der Welt,
Wir und der Fluß und die Blumen,
Die Berge und unser Zelt.
Wir sind durch Deutschland gefahren,
Von München bis fast an die See,
Wir haben noch Wind in den Haaren –
Nun tut der Abschied uns weh!

Geradelte Kilometer: <u>850 km</u>

Fahrt zur »Sail '89« nach Hamburg

An Bord der »Old Lady«: Hans, Loni und Traute

Maschine an und Leinen los, heut' geht es auf die Reise,
Hundertdreißig Pferdestärken summen ihre Weise.
Auf dem blitzeblanken Deck spiegelt sich die Sonne,
Der Skipper stopft die Pfeife sich, seine ganze Wonne.

Backbordruder, halbe Kraft, wir drehen um den Dalben,
Die Möwen fliegen kreischend auf, ich wollt', es wären Schwalben.
Ruder mittschiffs, volle Kraft, nach Hamburg geht die Fahrt,
Kurs Nord-Nord-Ost, das Schiff ist aufgeklart.

Der Diesel brummt, die Welle rauscht, das Wasser schimmert grün,
Weißleuchtend und mit stolzem Haupt vor uns die Schwäne ziehn.
Die Buddel Korn, ein Kasten Bier sind immer mit an Bord,
Seefahrt macht durstig, ohne Schluck fährt keiner von uns fort.

Und treffen unterwegs wir dann im fremden Hafen ein,
So muß auch der Begrüßungsschluck das allererste sein.
Gemütlich hockt man in der Plicht, genießt die schöne Zeit,
Aller Ärger bleibt an Land, liegt hinter uns so weit.

Die erste Schleuse

Drohend ragt das Schleusentor,
Ich armer Mensch, ich lieg davor,
Das Ruder krampfhaft in der Hand.
Viel lieber wär' ich jetzt an Land.
Nun geht's hinein, klar sind die Leinen,
Mir am Ruder ist's zum Weinen.
»Mehr backbord und jetzt steuerbord«
Der Skipper schreit in einem fort.
Sanft schiebt sich an die Wand das Heck,
Die Leinen fieren langsam weg.
Das Wasser fällt, bald sind wir unten,
Der Auspuff hat ganz fies gestunken.
»Ruder leicht backbord, dann voraus«,
Langsam fährt das Schiff hinaus.
Ich wische von der Stirn den Schweiß,
Im Ruderhaus ist's mächtig heiß.
Ach was, ich hab vor Angst geschwitzt.
Es scheint, als habe es genützt.

In der Weser

Da glaubt man seinem Echolot,
Und hat dann seine liebe Not.
Vier Meter fünfzig zeigt es an.
Ich schildere, was trotzdem kam:
Knirsch – die »Lady« läuft auf Grund!
Entsetzensstarr mit off'nem Mund
Stehn wir im Schiff, was ist zu machen?
Im Geist hör' ich die Planken krachen.
Ich steh am Ruder, gebe Gas,
Aufbrüllt der Motor, hilft es was?
Die Traute kommt: »Lass mich mal ran!«
Es war 'ne Meisterleistung dann,
Wie sie die »Lady« flott bekam.
Gepriesen sei doch ihr Geschick,
Daß wir sie haben – unser Glück!
Die Moral von der Geschicht:
Trau deinem Echolote nicht.

Erholung

Die Sonne scheint, wir aalen uns an Deck,
Jetzt muß die letzte Winterblässe weg.
Kommt man nämlich blaß nach Haus,
Lachen dich die Leute aus.

Am Ufer dehnen sich Felder weit.
Jubelnd die Lerche zur Sonne steigt.
Leuchtfeuer blitzt, der Strom wird breit,
Der Wind frischt auf, die See ist nicht mehr weit.

Im Sturm

Dann hab ich gar nichts mehr geschrieben,
War froh, daß wir am Leben blieben.
Windstärke sieben im Tidengewässer,
Im Kanal fühl' ich mich besser.
Im Boot flog alles kreuz und quer,
Die Traut' am Ruder schuftet schwer.
Es ging hinauf und ging hinunter,
Neptun trieb's wirklich immer bunter.
Das Schiff, es ist zwölf Tonnen schwer,
Flog wie ein Federball umher.
Und aus meinen Kindertagen
Kam ein Gebet mir in den Sinn.
Nützlich schien, es aufzusagen,
Leise sprach ich vor mich hin:
Breit aus die Flügel beide,
Oh Jesu meine Freude.
Doch halt sie nicht nur über mich,
Breite sie auch übers Schiff.

Uns'rer lieben Traute Genthe,
Schütteln dankbar wir die Hände.
Hätten wir sie nie getroffen,
Wären wir glatt abgesoffen!

Abschied

Heut geht die Traute nun von Bord.
Sie war doch uns ein sich'rer Hort.
Wird es uns jetzt auch gelingen,
Das Schiffchen sicher heimzubringen?

Die Zeit mit ihr war wirklich schön.
Nun muß es auch alleine gehn.
Wir haben viel mit ihr gelacht,
Und alles hat uns Spaß gemacht.

Die große Windjammerparade

Große Segler stolz und kühn
An unserm Boot vorüber ziehn.
Manche Rührungsträne floß,
Doch weils auch vom Himmel goß,
Hat bestimmt kein Mensch gemeint,
Daß wir so innig mitgeweint.

Majestätisch sehen sie aus,
Die einstigen Herrscher der Meere.
So viele fuhren einst hinaus
Und brachten Ruhm und Ehre.
Sie segelten um die ganze Welt,
Manche gingen zugrunde.
Die Männer auf See – jeder ein Held,
Mit Tod und Teufel im Bunde.
Saß mal der Klabautermann
Im höchsten Mast und lachte,
Jeder brave Fahrensmann
Das Kreuzeszeichen machte.
Heute, wie nüchtern und rational
Mit Öl- und Dieselgestank,
Ist die Seefahrt doch so schal.
Doch gibt's noch Segler, Gott sei Dank.

Die Gorch Fock, die Libertat,
Die Krusenstern, einst Padua.
In Hamburg sah man Segler satt,
Der Welt schönsten waren da.

Und wir laufen stolz und glücklich
Voll hinein in das Gedränge
Und erkennen augenblicklich
Manchmal wird es etwas enge.

Alle Gäste sind begeistert,
Und sparen nicht mit dem Applaus,
Wie der Hans das hat gemeistert
Und sie geben einen aus.
Feucht und fröhlich ward die Nacht,
Alle feiern bis zum Morgen.
Es ward gesungen und gelacht,
Keiner hat mehr Sorgen.

Nachts um Klock elfe
hüpf ich in die Elbe
Aus Übermut.
Hans fand's nicht gut!

Heimfahrt durch den Elbe-Seiten-Kanal

Das Ufer ist so bunt und schön,
Goldraut' und lila Disteln blühn,
Tollkirsche leuchtet rot im Hain,
Glockenblumen läuten fein.
Das Rohricht wiegt im Wind sich leicht,
Das Schilf sich sacht zum Wasser neigt.
Ich glaub', nachts kommt der Nöck hervor,
Und schaut zu den Blumenelfen empor.
Da tanzen die Nixen den Mondscheinreigen,
Die sich den gläubigen Seelen zeigen.

Heimkehr

Nun ist die Reise schon vorbei,
Aus ist die Abenteurerei.
Jetzt geht es in den Heimathafen,
Heut wird nicht mehr an Bord geschlafen.
Zum Abschied eine Flasche Sekt,
Sie hat uns nicht so gut geschmeckt
Wie der Sekt auf großer Fahrt.
Ach, wie ist der Abschied hart.
Die Freunde, die wir hier gefunden,
Ich hoff' sie bleiben uns verbunden.
Sail '89 – sie war schön.
Hamburg, wir woll'n dich wiedersehn!

Fahrt nach Fehmarn
1990

Auftakt

Frei ist der Osten – den Anker gelichtet,
Den Bug des Schiffes zur Ostsee gerichtet.
Frei nun die Elbe durch unser Land,
Gefallen der Mauer schreckliche Wand.

Am Heck die deutsche Flagge weht,
Kurs Ost-Nord-Ost im Logbuch steht.
Wir fahr'n in Urlaub froh beschwingt,
Der Wind in unserm Segel singt.

Mißglücktes Schleusenmanöver

Und wieder ragt ein Schleusentor!
Bibbernd liegen wir davor.
Zwei Dickschiffe sind schon darin,
Passen wir denn noch dahin?
Old Lady – mit gelegtem Mast –
Mißt doch sechzehn Meter fast!
Fender hinaus und Leinen klar –
Liebe Zeit, ist das denn wahr?
Das Rudel Sportboote vor Anker,
Rauscht jetzt heran wie'n Supertanker!
Wir kehren um, da brüllt's herab:
Old Lady, setz dich mal in Trab!

Hans am Ruder, geht das gut?
Ich nehm die Leine voller Mut,
Es geht hinein, backbord leg an,
Ich bin schon fast am Poller dran.
Jetzt hab' ich ihn, das Heck schlägt quer,
Der Sturm, er drückt uns hin und her.
Ich schreie – Hans, die Achterleinen –
Er hört mich nicht, es ist zum Weinen.
Die andern Skipper grinsen kräftig,
Die Witze werden ganz schön deftig.
Vor Angst klebt mir die Zung' am Gaumen,
Ich drücke unser'm Schiff die Daumen.

Doch freche Antwort hab' ich noch
Für all' die Spötter, glaubt es doch,
Ich bin nicht auf den Mund gefallen,
Euch Angebern zeig ich's noch allen.
Ihr mit euern Plastikwannen,
Wiegt doch höchstens nur zwei Tonnen.
Old Lady hat zehn Tonnen mehr,
Die zu halten ist schon schwer!

Endlich auf den Mittelklampen
Liegen jetzt die Schleusentampen.
Das Schiff fest an der nassen Wand,
Hans hat die Leinen in der Hand.
Ich hock' mich hin mit weichen Knien,
Im Magen so ein seltsam Ziehen.
Mir wird nicht schlecht, auf keinen Fall!
Jetzt kriegt der Bug nach rechts den Drall,
Doch es geht gut, bald sind wir oben,
Wahrlich, wir sind nicht zu loben.
Kaum draußen – ein Manöverschluck!
Langsam vergeht der Innendruck.

Nun tuckert die Old Lady leise
Durch den Kanal auf sanfte Weise.
Am Ufer roter Klatschmohn blüht,
Ein Sperber seine Kreise zieht
Backbord voraus die Wassermaus,
Die kommt bestimmt nicht mehr nach Haus.
Der Sperber setzt zum Sturzflug an –
Mäuschen, rette sich, wer kann!

Um uns atmet das weite Land,
Als fühle es Gottes schirmende Hand.
Die Engel behüten das reifende Korn,
Vergessen die Angst und aller Zorn.

An der DDR-Grenze am 29.07.1990
(zwei Stunden vor Dienstschluß)

Die Grenze kommt, am Poller winkt ein Mann,
Maschine stop – steuerbord leg an!
Er kommt ins Boot, der Mann in Grau,
Ich seh' ihn an und weiß genau,
Daß er uns freundlich ist gesonnen,
Und er sagt es: Seid willkommen!
Wie glücklich wir in diesen Stunden
Daß deutsch zu Deutschland hat gefunden,
Besiegelt mit dem Bruderkuß,
Den ich ihm einfach geben muß.
Verliert den Mut nicht, liebe Brüder,
Auch euer Glück kommt einmal wieder.
Und ich will auch jeden Tag,
Was immer er auch bringen mag,
Euch einschließen in mein Gebet,
Das Glück und Segen euch erfleht.

In der Elbe

Still stinkt die Elbe vor sich hin.
Gar traurig wird mir da zu Sinn.
Es hat der Menschen gierig Streben
Dem Strom nun bald den Rest gegeben.
Um diese schmutzigbraune Brühe
Je zu sanieren, kostet Mühe,
Und sehr viel Geld, so möcht' ich denken.
Mög' allen Gott die Einsicht schenken.
Sehr wenig Wasser führt der Fluß,
Sodaß man ständig kreuzen muß.
Am Ufer Peilungsmarken stehen,
Nur kann man sie nicht immer sehen.
Den Rudergänger zu entlasten,
Muß einer mit dem Fernglas hasten.
Dabei wird einem ziemlich warm,
Das Echolot piept oft Alarm.
Trotz aller Vorsicht ist's passiert,
Wir haben einmal Grund berührt.

Einsamkeit

Wie gerne möchte ich es schildern
In plastisch vorstellbaren Bildern,
Wie herrlich hier die Elbe ist.
(Wenn man das Stinken mal vergißt!)
Ringsumher einsame Weite,
Eindrucksvoll des Stromes Breite.
Auf jeder Buhne Reiher stehen,
Man kann sie von ganz nahe sehen.
Kein Haus, kein Mensch, soweit man blickt,
Man wird euphorisch, ganz entrückt.
Das Herz wird wie der Strom so weit,
Wir fahr'n in die Unendlichkeit.

Sauberkeit

Ungeschminkt, verschwitzt und schmutzig
Seh' ich einfach scheußlich aus.
Hansi findet das nur putzig,
Sagt, es macht ihm gar nichts aus.
Na schön, ich dreh' den Spiegel um,
Ich mag mich wirklich nicht mehr seh'n.
Man kommt ja doch nicht drumherum,
Dreckig bin ich mal nicht schön!

(Hat da jemand gesagt, sonst auch nicht?)

Der Mensch, gewohnt sein täglich Bad,
Wird sauer, wenn er keines hat.
Doch in der Elbe baden? – Nein!
Das lassen wir doch lieber sein.
Also duschen wir an Bord,
Warmwasser gibt es immerfort.
Doch nach zwei Tagen DDR,
Haben wir kein Wasser mehr.
Kein Club, der Wasseranschluß hat,
Langsam wird auch der Treibstoff knapp.

Doch weil ich wirklich duschen muß,
Wart' ich auf den Gewitterguß.
Ich seif' mich auf dem Vordeck ein,
Der Regen wäscht mich wieder rein.
Ich steh da, wie mich Gott geschaffen,
Es ist ja keiner da, zu gaffen.
So dachte ich, das war verkehrt,
Ein Auto auf die Brücke fährt.
Der Fahrer stoppt, den Hals verdreht,
Husch, war ich in die Plicht geweht.
Die Moral von der Geschicht':
Ganz alleine ist man nicht.

Abenteuer Tanken

In Bleckede, da gäb' es Sprit,
Teilt uns der Reiseführer mit.
Tankstelle, steht da zu lesen,
Das ist vor Jahren so gewesen.
Der arme Hans, mit dem Kanister,
(Achtundzwanzig Liter mißt der),
Tigert durch die halbe Stadt,
Bis er endlich Diesel hat.
Nachdem zweimal er gegangen,
Soll es wohl bis Hamburg langen.

Ruhetag

Ganz einsam liegt nun unser Schiff
Am Dalben fest, versteckt im Schilf.
In hohen Pappeln braust der Wind,
Sturmwolken seine Boten sind.
Doch noch ist's klar, die Sonne wärmt das Deck,
Im Windschutz liegen träumend wir im Heck.
Plötzlich eine schwere Bö –
Ruckartig fahr'n wir in die Höh'.
Die Luken dicht, Persenning schließen.
Da, schon fängt es an zu gießen.
Der Donner brüllt, die Blitze zucken,
Das Schiff scheint sich im Reet zu ducken.
Nach zehn Minuten ist der Spuk
total vorbei. Auf jetzt das Luk –
Der Wind säuselt nur noch ganz sacht,
Frau Sonne wieder fröhlich lacht.

In der Ostsee

Silbern am Bug die Welle springt.
Das Glück uns einen Lotsen bringt.
Der Freund bringt uns auf See hinaus,
Jetzt macht der Sturm uns nichts mehr aus.
Doch das Glück, jetzt bleibt es treu.
See und Himmel sind wie neu,
Wie vom Herrgott blankgeputzt,
Als seien sie noch nie benutzt.
Längst außer Sicht das feste Land,
Ganz ferne eine Wolkenwand.
Das Schiff in sanfter Dünung liegt,
Sacht werden wir vom Wind gewiegt.

Es haben ihr funkelnd Geschmeide
Vom Grunde die Nixen gebracht,
Und schmücken wie Perlen auf Seide
Die Wellen mit ihrer Pracht.

Sturm im Hafen auf Fehmarn

In heulenden Böen fegt es heran,
Über der Ostsee tobt der Orkan.
Die Segler im Hafen tanzen Ballett,
Auf kurzen Wellen – ganz adrett.

Der Wind wie ein ungezogener Bub'
Pfeift und johlt in den Masten.
Er ist doch ein rechter Tunichtgut,
Und mag nicht ruhen und rasten.

Die Flaggleine knattert am Radarmast,
Die Schoten jaulen im Winde –
Old Lady wiegt sich ohne Hast,
Und schaukelt uns gelinde.

Doch wenn nachts die Leinen reißen,
Möcht' man auf die Seefahrt schimpfen.
Als das Schiff mit aller Macht
An den dicken Dalben kracht.
Da muß man aus dem warmen Bett
In das Inferno dann an Deck.
Windstärke acht, in Böen zehn!
Ich kann den Petrus nicht verstehen.
Old Lady's Planken halten dicht,
Aber meine Nerven nicht!

Bei den Freunden

Im Wohnwagen, in fröhlicher Runde,
Hocken wir so manche Stunde.
Schauen hinaus in Sturm und Regen,
Jetzt heißt es, Freundschaftsbande pflegen.
Der Regen klatscht an die Wohnwagenwand,
Die Sturmmöwen segeln ganz elegant
Über die Kronen von Gischt und Schaum,
Schwerelos, jenseits von Zeit und Raum.

Einmal ist dann die Sonne gekommen,
Wir haben sofort ein Bad genommen.
Und üben ein bißchen Wasserballett:
Beine hoch und Knie gestreckt.

Rolling Home

Die Zeit wird knapp, wir müssen weg
Das Wetter ist der reinste Dreck.
Vom Sturm noch schwere Dünung steht,
Der Wind mit zwanzig Knoten weht.
Old Lady, einem Korken gleich,
Tanzt auf dem aufgewühlten Teich.
Der Bug taucht ein in Gischt und Schaum,
Der Scheibenwischer schafft es kaum.
Und jede hohe Welle braust
Donnernd über's Ruderhaus.
Jedoch, wenn Kalli Ruder geht,
Hans am Kartentische steht,
Brauch' ich überhaupt nicht zittern,
Dann kann mich gar nichts mehr erschüttern.
Es bleibt uns wirklich nichts erspart
Auf dieser Sommer-Urlaubs-Fahrt!
In Travemünde angekommen,
Wird erst ein Ausruhtag genommen.
Mit Schiff aufklaren, essen, schlafen
Verbringen wir den Tag im Hafen.

Im Lübeck-Trave-Kanal

Fünf Knoten darf man hier nur fahren,
Sonst hat dich ganz fix am Kragen
Das schnelle Enten-FBI!
Verzeihung – Wasserpolizei!

Nach der sechsten Schleuse

Vor nassen Leinen, aufzuklaren,
Soll man mich fürderhin bewahren.
Das gibt den schönsten Muskelkater,
Zuletzt ist es die reine Marter.
Zuerst rauscht mir das nasse Ende
Durch die schmuddeligen Hände.
Der Rest klatscht mir dann auf den Bauch,
Bin hinten naß und vorne auch.

Voll Trauer denk ich an die Zeiten,
Als wir Deutschlands schöne Weiten,
Mit dem Fahrrad noch erkundet,
Wobei Leib und Seel gesundet.
Komm' vom Bootstörn ich nach Haus,
Hängt mir die Zung' zum Halse raus.
Niemals hätte ich gedacht,
Daß Bootfahr'n soviel Arbeit macht.

Erst in den letzten Urlaubstagen
Da wird es schön, könnte man sagen.
Die Sonne scheint uns ab und zu,
Der Wind kommt endlich mal zur Ruh.
Jetzt haut der Skipper sich an Deck.
Prompt hat den Sonnenbrand er weg.
Das macht doch nichts, hört man ihn sagen,
Was sind denn schon so ein paar Blasen?

Geschirr spülen bei Sonnenschein –
Igitt, wie find' ich das gemein.
Ach was, ich lass' den Krempel stehen.
Heute abend wird man sehen.

Morgens früh

An Steuerbord, wir sind ganz nah,
Im Nest ein Haubentaucherpaar.
Füttert eifrig seine Jungen,
Hübsch – die Kleinen, gut gelungen!

Abendfahrt

Wie ein purpurn schimmernd Band
Liegt der Kanal im grünen Land.
Gleich stillen Wächtern am Gestade
Die Riesenpappeln, kerzengerade.
Wir gleiten durch die stille Pracht,
Langsam senkt sich herab die Nacht.

Bootfahr'n ist ein Wechselbad
Wie man es sonst selten hat.
Mal ist alles himmlisch schön,
Mal könnt' man vor Frust vergeh'n!

Spontane Grillfete am Liegeplatz Wulfsdorf

Vier Schiffe legten abends an,
Als wir uns kennenlernten dann,
Verstanden wir uns alle prächtig,
Gefeiert wurde dann ganz mächtig.
Hei, was haben wir gesoffen,
Vor Freude, daß wir euch getroffen!
Gegrillt, gelacht und viel gesungen,
Wahrlich, der Abend ist gelungen!

Dann sagt ein Gast um Mitternacht
Etwas, was uns sprachlos macht.
Im Fortgehen sie die Worte spricht:
Vergeßt nur euern Engel nicht!
Woher weiß dieses Menschenkind,
Daß Engel auf Old Lady sind?
Vielleicht kann sie sie sogar seh'n.
Ach, könnt' ich's auch, das wäre schön.
Ich spür sie nur, fühl, sie sind da,
In Glück und Freude und Gefahr.

Spät, als alle sind gegangen,
In den Kanal wir dann noch sprangen.
Das Wasser wie schwarzer Samt erschien,
Mondstrahlen spiegeln sich darin.
Wir schwimmen auf dieser silbernen Bahn
Ganz still und leise um unser'n Kahn.

Die Westphals wohnen auf der »Visé«,
Ein dickes Binnenschiff ist diese.
Wir bleiben einen Sonnentag,
Old Lady vor der »Visé« lag.
Wurden mit Grütze und Eis verwöhnt,
Und haben nicht dafür gelöhnt.
Wir sagen danke, bei euch war's schön.
Wir wollen euch bald wiedersehen.

Im Kanal bei Hannover

Oh, ist der Kanal hier schmal.
Kommt ein Dickschiff, scheint's fatal.
Manchmal sind es sogar drei,
Doch wir gehen gut vorbei.

Jetzt ist Margeritenzeit,
Disteln sind noch nicht so weit.
Klatschmohn und Wicken, rot wie Blut,
Machen sich dazwischen gut.
Schafgarbe, golden, fast mannshoch,
Sauerampfer noch und noch,
Wer dies alles nicht gesehen,
Kann unsere Freude kaum verstehen.

Die letzte Schleuse vor daheim
Klappt prima, das ist wirklich fein.
Der Himbeergeist-Manöverschluck
Schmeckt besser ohne Innendruck.

Die letzte Nacht

Die letzte Nacht in der Kajüte!
Drei Wochen um – du meine Güte!
So schnell vorbei, man faßt es kaum.
War das Ganze nur ein Traum?
Ach nein, da sind so viel Adressen
Von Menschen, die wir nicht vergessen.
Wir haben alle liebgewonnen,
Und sie sind uns stets willkommen.

Wir verfügen über folgende Titelverzeichnisse, die wir Ihnen auf Anforderung gern zuschicken:

- Belletristik und Sachbücher

- Zum Thema: Pädagogik, Sozialwissenschaften, Medienforschung

- Zum Thema: Dritte Welt, Friedens- und Konfliktforschung, Politische Wissenschaften

- Zum Thema: Wirtschaftswissenschaften, Recht und Verwaltung

- Zum Thema: Philologie, Philosophie, Literatur, Theater, Geschichte, Kunst, Kunstgeschichte, Religion, Musik, Archäologie

- Zum Thema: Architektur, Städtebau/Landesplanung, Umwelt, Biologie, Chemie, Mathematik, Informatik/Datenverarbeitung, Medizin/Psychiatrie, Psychologie, Physik, Technik

- Buchreihen und Zeitschriften

HAAG + HERCHEN Verlag GmbH
Fichardstraße 30 · D-6000 Frankfurt am Main 1
Telefon (069) 550911-13 · Fax (069) 552601
Telex 414838 huh d